KB122776

1일 1표현

영어로 말하는 가장 쉬운 방법

1일 1표현

마스터유진 지음

교보문고

머리말

자주 듣는 질문

영어 배울 때 뭐부터 해야 해요? 뭐가 가장 중요한가요?

정답

뻔하게 들릴 수도 있지만,
언어습득에 있어 중요하지 않은 것은 하나도 없습니다.

그래도 정말 미친 듯이 중요한 세 가지를 굳이 뽑으라면
1. 어휘 > 2. 문법 > 3. 영작입니다.

※중요: 어휘에는 단어뿐만 아니라 덩어리 표현 또한 포함됩니다.
문장의 뼈대가 되는 기본 패턴을 잘 훈련해 놓았다면 그 위에 탑재할 어휘가 있어야 하는데 그럴 어휘가 부족하다? 이건 마치 총은 있는데 총알이 없는 것이요, 바삭하게 튀겨진 탕수육이 웃고 있는데 소스가 딸려오지 않은 거나 마찬가집니다. 끔찍하죠.

• 퀴즈: 표현 자체만 노트에 반복해서 쓰면 과연 외워질까요?
• 정답: 네, 외워집니다.

하지만 표현만 외워지고 막상 문장에 넣어 쓰질 못한다는 게 함정. 이런 이유로 저는 학생분들에게 단어 하나를 암기하더라도 문장으로 만들어

암기하라고 합니다. 특히 덩어리 표현은 단순 단어보다 길이도 길고 구조도 복잡해 이런 과정이 더욱더 요구됩니다. 백날 be into someone (~에게 빠져 있다)이란 표현을 외우면 뭐 하나요? 막상 "걔는 너한테 그렇게 빠져 있진 않아"란 짧은 문장도 말로 못 하는데. 표현의 뜻을 아는 정도가 아니라 실제로 문장화해 말할 수 있을 정도가 아니라면 "나 이 표현 알아"라고 말하고 다니면 안 됩니다. 듣는 사람이 더 민망해져요. 그리고 여기서 가장 중요한 포인트는 '진도 뽑기에 집착하지 말 것'입니다. 하루에 표현 30개 외우기? 가능합니다. 하지만, 과연 실제 대화에서 사용할 수 있을까요?

하루에 표현 한 개만 '제대로' 익혀보세요. 같은 365일이 지나도 쌓인 내공은 급이 다를 거라고 약속합니다. 언어학습은 다이어트와 무서울 정도로 똑같습니다. 급하게 하면 요요 현상이 찾아오지만 천천히, 꾸준히 하면 스키니 진이 찾아올 것입니다. 배운 표현을 사용해 꾸준히 문장을 만들어보시고, 스터디 파트너와 문장을 말로 주고받으며 입영작하세요.

1일 1표현.
1년 후 오늘, 여러분은 이 책 속의 표현들을 말로 할 수 있게 됩니다.
잘해주세요. 여러분이 잘하면 저도 빛이 납니다.

마스터유진

이 책의 구성과 특징

❶ 원어민 발음 음성 파일
그 주에 공부할 표현을 원어민 음성으로
들어볼 수 있도록 QR 코드 제공.
정확한 발음을 익히고 예습 효과까지 get!

MP3 무료 다운로드
https://blog.naver.com/kbpublishing

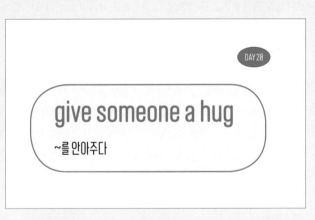

❷ 표현
하나를 외워도 사용 빈도 최상으로!
원어민이 가장 많이 쓰는 표현을 엄선해 하루에 하나씩 알려준다.

❸ 표현 설명
애매한 설명만 늘어놓는 영어책은 그만! 이제 하나를 공부해도 제대로 하자.
Mayu 선생님의 명쾌한 설명을 통해 정확한 뜻과 쓰임새를 배운다.

Mayu Says

hug라는 동사와는 달리 일방적으로 안아준다는 의미를 강조하는 표현입니다.
hug를 kiss로 바꾸면 누군가에게 키스를 해준다는 말이 됩니다.

Related Words

#cuddle (껴안다) #adore (아끼다) #embrace (포옹하다)

Example Sentences

- Give me a hug. = 나 좀 안아줘.
- Can I just give you a hug? = 너 좀 안아줘도 돼?
- Mom gave me a big hug. = 엄마가 날 꼭 안아줬어.
- Let's give each other a hug. = 서로 안아줍시다.
- Charlie gave his parents a hug. = Charlie는 자기 부모님을 안아줬어

❹ 연관어
표현과 함께 알아두면 좋은 연관어를 제공해 학습 효율 up!

❺ 예문
표현은 결국 써먹을 수 있어야 한다.
실생활에서 많이 쓰는 예문을 다른 책들보다 듬뿍 담았다.

❻ 인덱스
영어 알파벳순으로 표현을 정리해 쉽게 찾아볼 수 있게 했다.

Week 1

have a date with someone
~와 데이트가 있다, ~와 데이트하다

Mayu Says

비슷한 표현으로 go out on a date with someone(~와 데이트를 하다)
도 알아두세요.
date를 동사로 쓴 date someone이란 표현은 누군가와 사귄다는 의미
가 됩니다.

Related Words

#blind date (소개팅) #relationship (관계) #flutter (떨림)

Example Sentences

- I have a date tomorrow. = 나 내일 데이트 있어.
- She has a date with Mike. = 걔 Mike랑 데이트 있어.
- I have a date with my friend's friend. = 나 내 친구의 친구랑 데이
  트 있어.
- I had a date with a nurse. = 나 간호사랑 데이트했어.
- I have a date with someone you know. = 나 네가 아는 사람이랑
  데이트 있어.

DAY 2

ask someone out on a date
~에게 데이트 신청하다

Mayu Says

직역하자면 out(나가자고) + ask(물어보다) 정도가 되겠습니다.
on a date는 원어민들도 귀찮아 종종 생략하기도 합니다.

Related Words

#courage (용기) #rejected (거절당한) #treat someone to dinner
(~에게 저녁 식사를 대접하다)

Example Sentences

- Did you ask Judy out on a date? = 너 Judy한테 데이트 신청했어?
- Just ask her out on a date! = 그냥 걔한테 데이트 신청을 해!
- Danny finally asked me out. = Danny가 마침내 나한테 데이트 신청을 했어.
- When are you going to ask her out? = 너 걔한테 언제 데이트 신청할 건데?
- I hope he doesn't ask me out on a date. = 걔가 나한테 데이트 신청 안 했으면 좋겠어.

11

fall in love with someone
~와 사랑에 빠지다

Mayu Says

이미 사랑에 빠져 있는 상태를 강조하려면 fall 대신 be동사를 쓰세요.
fall은 불규칙동사라 fall-fell-fallen으로 변하는 것도 알아두는 센스!

Related Words

#unconditional love (무조건적인 사랑) #love at first sight (첫눈에 반
한 사랑) #destiny (운명)

Example Sentences

- I want to fall in love. = 난 사랑에 빠지고 싶어.
- I don't want to fall in love again. = 난 다시는 사랑에 빠지고 싶지
  않아.
- I fell in love with an angel. = 난 천사와 사랑에 빠졌어.
- Don't fall in love with me. = 나랑 사랑에 빠지지 마세요.
- Have you ever fallen in love with anyone? = 누군가와 사랑에 빠
  져본 적 있니?

be into someone

~에게 빠져 있다, ~에게 심취해 있다

Mayu Says

사람에게 빠져 있을 수도 있지만, 취미 등에 빠져 있다고 표현할 수도 있습니다.

동작을 강조하는 말투 '~에 빠지다'로 쓰려면 be동사 대신 get을 쓰세요.

예) I am into you(난 너한테 빠져 있어).

예) I got into you(난 너한테 빠졌어).

Related Words

#attractive (매력적인) #rapture (황홀) #passionate (열정적인)

Example Sentences

- My brother is into Julie. = 내 남동생은 Julie한테 빠져 있어.
- He is not that into you. = 그는 당신에게 그다지 빠져 있지 않아.
- I think I am into you. = 나 너한테 빠져 있는 것 같아.
- I am into video games these days. = 난 요즘 비디오 게임에 빠져 있어.
- What are you into these days? = 너 요즘 뭐에 빠져 있어?

go out with someone
~와 사귀다

Mayu Says

이 표현은 문맥에 따라 사귄다는 의미 말고도 친구와 놀러 나간다는 뜻이 될 수도 있습니다.

비슷하게는 date someone이 있습니다.

Related Words

#officially (정식으로) #serious(진지한) #boyfriend and girlfriend (남친 여친)

Example Sentences

- Are you guys going out? = 너희 사귀고 있니?
- I have been going out with her for 6 months. = 나 걔랑 6개월간 사귀어 오고 있어.
- Wendy is going out with someone I know. = Wendy는 내가 아는 사람이랑 사귀고 있어.
- Let's go out this weekend. = 이번 주말에 놀러 나가자.
- Did you go out last night? = 너 어젯밤에 놀러 나갔어?

break up with someone
~와 헤어지다

Mayu Says

break up 대신 split up을 쓰기도 하는데, 비교적 진지한 관계에서만 쓰는 것을 추천합니다. split up을 어린 커플이 쓰면 좀 심하게 오그라듭니다.

Related Words

#heartbreaking (마음이 찢어지는) #divorce (이혼) #farewell (이별)

Example Sentences

- They broke up yesterday. = 걔네 어제 헤어졌어.
- I broke up with my boyfriend. = 나 내 남자친구랑 헤어졌어.
- When did you break up with Andy? = 너 Andy랑 언제 헤어졌니?
- Kelly broke up with Chris. = Kelly는 Chris랑 헤어졌어.
- Why did they break up? = 걔네 왜 헤어졌지?

get back with someone
~와 다시 만나다

Mayu Says

다시 만나는 당사자 둘을 모두 주어에 넣으려면 with someone 대신 together를 쓰세요.

비슷하게는 reunite with someone이 있는데 너무 형식적이라 어색할 수 있습니다. 매우 ….

Related Words

#ex-girlfriend/boyfriend (전 여자친구/남자친구) #memories (추억) #miss (그리워하다)

Example Sentences

- I got back with my ex-boyfriend. = 나 전 남자친구랑 다시 만나.
- I want to get back with Ashley. = 나 Ashley랑 다시 만나고 싶어.
- Should I get back with her? = 그녀랑 다시 만나야 할까?
- When did you get back with Thomas? = 너 Thomas랑 언제 다시 만나기 시작했어?
- They got back together. = 걔네 다시 만나.

Week 2

stand someone up
~를 바람맞히다

Mayu Says

stand는 '서다'라는 뜻도 되지만 '세우다'란 뜻도 됩니다. 남을 세워놓는 것 = 바람맞히는 것.
get을 사용해서 이 표현을 수동태(get stood up)로 만들면 반대로 '바람 맞다'라는 뜻이 됩니다.

Related Words

#frustrated (낙심하는) #turn down (거절하다) #humiliate (수치심을 주다)

Example Sentences

- She stood me up again. = 그녀는 날 또 바람맞혔어.
- She'd better not stand me up this time. = 걔 이번엔 날 바람맞히지 않는 게 좋을 거야.
- I am sorry I stood you up. = 바람맞혀서 미안해요.
- I can't believe Billy stood you up. = Billy가 널 바람맞히다니 믿을 수가 없네.
- I got stood up. = 나 바람맞았어.

play hard to get
튕기다

Mayu Says

뜯어보자면 get(가지기에) + play hard(힘들게 행동하다)가 되겠습니다.
get 뒤에는 아무것도 넣지 마세요!
play mind games(밀당하다)도 알아두면 밀당할 때 유용합니다.

Related Words

#crush (홀딱 반함) #annoying (짜증 나게 하는) #attraction (매력)

Example Sentences

- Stop playing hard to get! = 그만 튕겨!
- I hate when boys play hard to get. = 난 남자애들이 튕길 때 싫더라.
- Jane enjoys playing hard to get. = Jane은 튕기는 걸 즐겨.
- Why do girls always play hard to get? = 왜 여자들은 항상 튕기는 거지?
- Are you playing hard to get? = 너 튕기고 있는 거니?

flirt with someone
~에게 추파를 던지다

Mayu Says

관심 있는 사람에게 호감을 사기 위해 장난스러운 말이나 행동을 한다는 말입니다(윙크, 농담 등). 힝상 부정적인 느낌은 아니고, 특히 연인 관계에서는 애정 표현 정도가 될 수 있습니다.

Related Words

#romantic gestures (로맨틱한 표현들) #hit on someone (~에게 작업을 걸다) #approach (접근하다)

Example Sentences

- Are you flirting with me? = 나한테 추파 던지는 거야?
- Stop flirting with my boyfriend. = 내 남자친구한테 추파 그만 던져.
- He is flirting with everyone here. = 걔는 여기 있는 모두에게 추파를 던지고 있어.
- I hate when he flirts with my friends. = 걔가 내 친구들한테 추파 던지는 게 너무 싫어.
- Look at them flirt with each other. = 쟤네 서로 추파 던지는 것 좀 봐.

have a crush on someone
~에게 홀딱 반해 있다, ~를 짝사랑하고 있다

Mayu Says

짝사랑을 뜻하는 명사로는 one-sided love 혹은 unrequited love도 있지만, a crush가 가장 자연스럽습니다. 함께 사랑에 빠져 있다는 느낌보다는 일방적이라는 느낌이 강합니다. 슬프지만….

Related Words

#lovesick (상사병에 걸린) #celebrity crush (홀딱 반한 유명인)
#heartache (심적 고통)

Example Sentences

- I have a crush on my best friend. = 난 가장 친한 친구를 짝사랑하고 있어.
- I used to have a crush on you. = 나 너 짝사랑했었어.
- I think Lisa has a crush on my brother. = Lisa가 우리 오빠를 짝사랑하는 것 같아.
- She has the biggest crush on BTS. = 그녀는 BTS에 홀딱 반해 있어.
- He must have a crush on Madonna. = 걔는 Madonna한테 홀딱 반해 있나 보네.

get married
결혼하다

Mayu Says

누구와 결혼했는지는 언급할 필요가 없는 표현입니다. 언급하려면 뒤에 to를 추가해요.
동사 marry를 쓸 때는 누구와 결혼하는지 반드시 언급해야 합니다.
예) I married a model.

Related Words

#marriage (결혼) #spouse (배우자) #wedding (결혼식)

Example Sentences

- We are getting married soon. = 우리 곧 결혼해.
- When did you guys get married? = 너희 언제 결혼했어?
- I don't want to get married. = 나 결혼하기 싫어.
- She got married to a doctor. = 그녀는 의사랑 결혼했어.
- My teacher got married to a flight attendant. = 우리 선생님은 승무원이랑 결혼했어.

walk down the aisle
결혼하다

Mayu Says

흔히 신부가 입장하는 통로를 '버진로드'라고 하는데 잘못된 표현입니다. aisle(통로)이 맞죠. 식장의 통로를 따라 걷는다는 말이 '결혼하다'라는 뜻이 된 겁니다. '버진로드' 진짜 쓰지 마세요 ….

Related Words

#get married (결혼하다) #tie the knot (결혼하다) #down (~을 따라)

Example Sentences

- They are finally walking down the aisle. = 걔네 마침내 결혼해.
- They've decided to walk down the aisle. = 그들은 결혼하기로 결정했어.
- Our teacher walked down the aisle last week. = 우리 선생님은 지난주에 결혼했어.
- They walked down the aisle to a lovely song. = 그들은 사랑스러운 노래에 맞춰 식장을 나왔어.
- So, are you ready to walk down the aisle? = 그래서, 결혼할 준비됐니?

get a divorce
이혼하다

Mayu Says

비슷한 말로는 get divorced가 있고 두 표현 모두 누구와 이혼했는지는 언급할 필요가 없습니다. 굳이 언급하려면 아예 divorce someone이라는 표현을 사용하면 됩니다. 예) She divorced her husband.

Related Words

#split up (헤어지다) #divorcee (이혼한 사람) #breakup (결별)

Example Sentences

- They recently got a divorce. = 그들은 최근에 이혼했어.
- I don't want to get a divorce. = 나 이혼하고 싶지 않아.
- They got a divorce too soon. = 그들은 너무 금방 이혼했어.
- He is not willing to get a divorce. = 그는 이혼할 의향이 없어.
- Why don't you just get a divorce? = 그냥 이혼하는 게 어때?

Week 3

be together
사귀는 사이다, 부부 사이다

Mayu Says

부부가 아니라 애인이라는 점을 확실히 하고 싶다면 "We are boyfriend and girlfriend."를 쓰고, 부부임을 확실히 하고 싶다면 "We are husband and wife."라고 하면 됩니다.

Related Words

#go out (사귀다) #loved one (애인!) #significant other (애인!)

Example Sentences

- We have been together for 3 months. = 우리 사귄 지 3개월 됐어.
- My husband and I have been together for 20 years. = 남편과 전 20년 차 부부예요.
- Are you guys together? = 두 분 사귀는 사이인가요?
- Oh, no. We are not together. = 오, 아니요. 저희 사귀는 사이 아니에요.
- How long have you guys been together? = 너희 얼마나 오래 사귀었어?

cheat on someone
~를 두고 바람피우다

Mayu Says

cheat은 '부정행위를 하다'라는 동사이기 때문에 흔히 '커닝하다'라는 의미로도 씁니다.

누구와 바람을 피웠는지 말할 땐 뒤에 with someone을 추가하세요. 열받겠지만….

Related Words

#affair (불륜) #betrayal (배신) #tears (눈물)

Example Sentences

- Never cheat on me. = 날 두고 절대 바람피우지 마.
- Sally cheated on her husband. = Sally가 자기 남편을 두고 바람을 피웠어.
- He cheated on her with his coworker. = 그는 그녀를 두고 자기 직장 동료랑 바람을 피웠어.
- Why did you cheat on me? = 왜 날 두고 바람을 피운 거야?
- I've never cheated on anyone. = 난 누구를 두고도 절대 바람피워본 적이 없어.

get over someone
~를 잊다

Mayu Says

get over는 직역하면 뭔가를 극복한다는 말입니다. 지난 연인을 극복한다는 말은 결국 그 사람을 잊는다는 말이 되죠(forget이 아님).

Related Words

#overcome (극복하다) #move on (나아가다) #healing (치유)

Example Sentences

- I can't get over my ex. = 내 전 애인을 못 잊겠어.
- I already got over him. = 난 그를 벌써 잊었어.
- Did you get over Lisa? = 너 Lisa를 잊었니?
- It wasn't easy to get over her. = 그녀를 잊는 게 쉽지 않았어.
- Get over her already! = 그녀를 어서 좀 잊어!

have feelings for someone
~에게 마음이 있다

Mayu Says

사람의 감정은 복합적이기 때문에(끌리고, 두근대고, 질투하고) 이렇게 복수(feelings)로 써주는 게 좋습니다.

feelings 대신 a thing을 써도 되는데 슬랭의 느낌이 됩니다. *슬랭(slang) : 속어, 은어

Related Words

#interest (관심) #approach (접근하다) #develop (감정 등이 생기다)

Example Sentences

- I have feelings for you. = 나 너한테 마음 있어.
- It's clear you have feelings for Jenna. = 네가 Jenna한테 마음 있는 건 확실해.
- My sister has feelings for her coworker. = 우리 누나는 직장 동료한테 마음이 있어.
- Do you have feelings for me? = 너 나한테 마음 있니?
- I used to have feelings for Tony. = 나 Tony한테 예전에는 마음이 있었어.

see someone
~를 만나보다

Mayu Says

이런 의미의 see는 진행형으로만 씁니다. 보통 남녀관계 초반에 서로를 알아가는 단계를 말합니다. 썸 타는 것보다는 조금 더 진진된 정도?

Related Words

#date (사귀다) #acquainted (안면이 있는) #romantic gesture (사랑의 표현)

Example Sentences

- Are you seeing anyone? = 너 만나보고 있는 사람 있어?
- I'm not currently seeing anybody. = 나 지금은 만나보고 있는 사람 없는데.
- Jane is already seeing someone. = Jane은 벌써 누굴 만나보고 있어.
- I hope he's not seeing anyone. = 걔가 아무도 안 만나보고 있었으면 좋겠는데.
- Teddy is seeing someone new. = Teddy는 새로운 사람을 만나보고 있어.

give someone a hug
~를 안아주다

Mayu Says

hug라는 동사와는 달리 일방적으로 안아준다는 의미를 강조하는 표현입
니다.

hug를 kiss로 바꾸면 누군가에게 키스를 해준다는 말이 됩니다.

Related Words

#cuddle (껴안다) #adore (아끼다) #embrace (포옹하다)

Example Sentences

- Give me a hug. = 나 좀 안아줘.
- Can I just give you a hug? = 너 좀 안아줘도 돼?
- Mom gave me a big hug. = 엄마가 날 꼭 안아줬어.
- Let's give each other a hug. = 서로 안아줍시다.
- Charlie gave his parents a hug. = Charlie는 자기 부모님을 안 아줬어.

move on
나아가다, 넘어가다

Mayu Says

죽음이나 해고 등의 안 좋은 일을 털어버리고 나아간다는 말입니다. 싸움 등을 문제 삼지 않고 그냥 넘어간다는 말도 됩니다.

Related Words

#breakup (헤어짐) #overcome (극복하다) #frustration (좌절)

Example Sentences

- Let's just move on. = 그냥 넘어가자.
- Can't we just move on? = 우리 그냥 넘어갈 수는 없을까?
- We have no choice but to move on. = 우린 나아갈 수밖에 없어.
- You've got to move on now. = 이제 좀 나아가야지. = 이제 좀 잊어야지.
- It was hard to move on. = 나아가기가 힘들었어.

Week 4

go through something
~을 뒤져보다

Mayu Says

go through를 직역하면 '통과해서 간다'입니다. 남의 물건이나 정보를 통과한다는 것은 그것을 뒤져본다는 의미로 해석됩니다.

Related Words

#search (수색하다) #invasion of privacy (사생활 침해) #rude (무례한)

Example Sentences

- Did you go through my things? = 너 내 물건들 뒤져봤어?
- My brother went through my bag. = 내 동생이 내 가방을 뒤져봤어.
- Jenny went through my emails. = Jenny가 내 이메일을 뒤져봤어.
- Never go through my phone again. = 내 전화기 절대 다시는 뒤져보지 마.
- Please don't go through my closet. = 내 벽장 좀 뒤져보지 말아줘.

up to someone
~에게 달려 있는

Mayu Says

어떤 결정이 남에게 달려 있음을 의미하며 be동사와 함께 씁니다.
비슷한 의미를 가진 "The decision is yours(결정은 네가 해)."란 문장도
함께 알아두세요.

Related Words

#final decision (최종 결정) #right (권리) #make a decision (결정을
내리다)

Example Sentences

- It's up to you. = 너한테 달려 있어.
- Everything is up to you guys. = 모든 건 너희에게 달려 있어.
- It's not my decision. It's up to them. = 제 결정이 아닙니다. 그들에
  게 달려 있어요.
- Why is it up to him? = 왜 그에게 달려 있는 거죠?
- It's up to everyone in this room. = 이 방에 있는 모두에게 달려 있
  습니다.

from scratch

완전 처음부터

Mayu Says

시작한다는 의미의 start, begin 같은 동사와 친합니다.
뭔가를 아무 계획이나 초안 없이 제로 기반에서 시작한다는 의미로 씁니다(백지의 느낌).

Related Words

#fresh start (새로운 시작) #brainstorm (아이디어를 모으다) #draft (초안)

Example Sentences

- Let's start from scratch. = 완전 처음부터 시작하자.
- They had to design it from scratch. = 그들은 그걸 완전 백지상태에서 설계해야만 했어.
- She learned English from scratch. = 그녀는 영어를 완전 처음부터 배웠어.
- We don't have to start from scratch. = 우리 완전 처음부터 시작할 필요는 없어.
- They built the machine from scratch. = 그들은 완전 백지상태에서 그 기계를 만들었어.

go ahead with something
~을 진행하다, ~을 추진하다

Mayu Says

보류하던 계획 등을 앞으로 밀고 나간다는 말입니다. 프로젝트를 허락할 때 많이 쓰기 때문에 비즈니스 환경에서 유용한 표현이에요.

Related Words

#proceed (진행하다) #pursue (밀고 나가다) #pending (보류 중인)

Example Sentences

- Go ahead with the project. = 그 프로젝트를 진행하세요.
- You may go ahead with your plan. = 당신의 계획을 추진해도 좋습니다.
- We will go ahead with the meeting. = 그 미팅을 진행할게요.
- They went ahead with the plan anyway. = 그들은 무조건 그 계획을 추진했습니다.
- Can we go ahead with the event? = 그 행사를 진행해도 되겠습니까?

break the ice
서먹서먹한 분위기를 깨다

Mayu Says

얼음을 깨는 것처럼 차갑고 어색한 분위기를 없앤다는 말입니다. 자기소개, 가벼운 게임 등이 breaking the ice에 속하겠죠?

Related Words

#awkward (어색한) #self-introduction (자기소개) #harmonious (조화로운)

Example Sentences

- Why don't we break the ice? = 우리 서먹서먹한 분위기를 깨는 게 어때요?
- Let's break the ice first. = 서먹서먹한 분위기부터 깹시다.
- They broke the ice by playing a game. = 그들은 게임을 하며 서먹서먹한 분위기를 깼어.
- I tried to break the ice, but it didn't work. = 서먹서먹한 분위기를 깨려고 했지만 잘 안됐어.
- How did you break the ice? = 어떻게 서먹서먹한 분위기를 깼어?

be frustrated with something
~에 낙심해 있다

Mayu Says

frustrated(낙심한)는 disappointed(실망한)와 달리 외부 요인을 탓한다는 느낌보다는 자신의 낙심한 감정에 집중한 단어입니다. 뭔가 답답하다고 할 때 쓰면 딱이죠.

Related Words

#devastated (비탄에 빠진) #failure (실패) #depressed (우울한)

Example Sentences

- Don't be so frustrated. = 그렇게 낙심해 있지는 마.
- Are you still frustrated? = 너 아직 낙심해 있니?
- I am so frustrated with the result. = 나 그 결과에 엄청 낙심해 있어.
- Is she still frustrated with her score? = 걔는 아직도 자기 점수에 낙심해 있니?
- James is frustrated with his life. = James는 자기 인생에 낙심해 있어.

go Dutch
각자 비용을 부담하다

Mayu Says

흔히 '더치페이'라고 하는 잘못된 표현의 올바른 버전입니다. 조금 더 정식이라고 할 수 있는 표현으로는 split the bill(계산서를 나누어 내다)이 있습니다.

Related Words

#fair (공평한) #pay the bill (음식값 등을 지불하다) #equally (동등하게)

Example Sentences

- Why don't we go Dutch? = 우리 각자 내는 게 어때?
- My friends and I always go Dutch. = 내 친구들이랑 난 항상 각자 내.
- We might as well go Dutch. = 우리 차라리 각자 내는 게 더 낫겠어.
- Let's go Dutch this time. = 이번엔 각자 내자.
- Some people prefer not to go Dutch. = 어떤 사람들은 각자 내지 않은 걸 선호해요.

Week 5

cut to the chase
본론으로 바로 들어가다

Mayu Says

중요한 것을 논의할 때 시간 낭비 없이 바로 본론에 들어간다는 의미입니다.

비슷하게는 get (right/straight) to the point가 있습니다.

Related Words

#efficient (효율적인) #straightforward (솔직한) #urgent (시급한)

Example Sentences

- Let's cut to the chase. = 본론으로 바로 들어갑시다.
- Just cut to the chase without wasting any more time. = 더 이상 시간 낭비 말고 바로 본론으로 들어가세요.
- Why not just cut to the chase? = 그냥 본론으로 바로 들어가는 게 어때요?
- Let me cut to the chase. I like Amy. = 본론으로 바로 들어갈게. 나 Amy 좋아해.
- I'll cut to the chase since you're busy. = 당신이 바쁘니까 본론으로 바로 들어갈게요.

in private
사람 없는 데서

Mayu Says

이 말 전체를 부사로 사용합니다. private은 i에 강세를 주어 "프롸이벗"
에 가깝게 발음하죠.
반대로 '사람들 있는 데서'라고 할 때는 in public을 쓰세요.

Related Words

#secretive (비밀스러운) #confidential (극비인) #privacy (사생활)

Example Sentences

- Can I talk to you in private? = 사람 없는 데서 얘기 좀 할 수 있을까?
- Let me speak with you in private. = 사람 없는 데서 얘기 좀 합시다.
- I'll explain it to you in private. = 사람 없는 데서 그걸 설명해드릴게요.
- The CEO wants to see you in private. = 대표님이 사람 없는 데서
  당신을 보고 싶어 하십니다.
- We had a conversation in private. = 우린 사람 없는 데서 대화를
  했어.

cross the line
선을 넘다

Mayu Says

실제로 바닥에 그어진 선을 넘었다는 의미도 되지만 대부분 도를 지나친 행동이나 말을 했다는 의미로 사용합니다.
비슷하게는 go too far이 있습니다.

Related Words

#offensive (불쾌한) #rude (무례한) #upset (기분이 상한)

Example Sentences

- Don't cross the line. = 선 넘지 마.
- You crossed the line, man. = 너 선 넘은 거야.
- Jane crossed the line and I'm upset. = Jane은 선을 넘었고 난 기분이 상했어.
- You'd better not cross the line. = 너 선 넘지 않는 게 좋을 거야.
- Don't you think you went too far? = 너 도를 지나쳤다고 생각하지 않아?

chill out
진정하다

Mayu Says

화나 흥분을 가라앉힌다는 의미도 되고, 힘을 풀고 편하게 쉰다는 뜻도
됩니다.

"Take a chill pill(흥분 좀 가라앉혀)!"이란 재미있는 문장도 알아두세요.

Related Words

#worked up (화나서 흥분한) #excited (신나서 흥분한) #calm down
(침착하다)

Example Sentences

- Chill out, guys! = 진정해, 얘들아!
- Chill out! There's no need to fight. = 진정해! 싸울 이유가 없어!
- Chill out for a second, will you? = 잠깐 진정 좀 해, 응?
- I am just chilling out at home. = 나 그냥 집에서 쉬고 있어.
- Chill out! We still have time! = 진정해! 우리 아직 시간 있다고!

in the long run
장기적으로

Mayu Says

같은 표현으로는 in the long term이 있습니다.
반대로 '단기적으로'라고 하려면 long을 short로만 바꾸면 됩니다.

Related Words

#eventually (결국에는) # term (기간) #long-term investment (장기 투자)

Example Sentences

- It's a good thing in the long run. = 그건 장기적으로 좋은 일이야.
- In the long run, it's not a good investment. = 장기적으로는 그건 좋은 투자가 아니야.
- This won't fix the problem in the long run. = 이건 장기적으로 그 문제를 고치지 못할 거야.
- In the long run, saving money is more important. = 장기적으로 는 돈은 모으는 게 더 중요해.
- It's not good for your car in the long run. = 그건 장기적으로는 네 차에 안 좋아.

other than something

~외에, ~말고

Mayu Says

something의 자리에 명사를 넣어도 좋지만, ~ing 형태를 넣을 수도 있습니다. 예) other than working
비슷한 표현으로는 besides something이 있습니다.

Related Words

#exclude (제외하다) #exception (예외) #addition (추가)

Example Sentences

- Do you have anything other than yellow? = 노란색 외에 다른 거 있어요?
- Other than that, all looks great. = 그거 외에는 다 좋아 보이네요.
- Does she like anything other than coffee? = 커피 외에 그녀가 좋아하는 다른 게 있나요?
- Other than David, no one knows about it. = David 외에는 그것에 대해 아무도 몰라.
- Did you do anything other than working? = 일하는 거 외에 뭐라도 했어?

deal with someone

~를 상대하다, ~을 다루다

Mayu Says

불편한 사람이나 상황을 상대하거나 다룬다는 뉘앙스로 자주 씁니다.
비슷하게는 handle someone이 있습니다.

Related Words

#face (직시하다) #confront (맞서다) #resolve (해결하다)

Example Sentences

- I don't want to deal with you right now. = 나 지금은 널 상대하고
  싶지 않아.
- He dealt with the situation very well. = 그는 그 상황을 아주 잘 다
  뤘어.
- I had to deal with grumpy customers. = 난 성격 나쁜 손님들을 상
  대해야 했어.
- I deal with weird people every day. = 난 매일 이상한 사람들을 상
  대해.
- Well, deal with that. = 뭐, 그걸 다뤄. = 뭐, 받아들여.

Week 6

bail on someone
~를 저버리다

Mayu Says

누군가와의 약속을 예고 없이 저버린다는 말로, 바람맞힌다는 의미로 이해해도 좋습니다.
비슷하게는 walk out on someone이 있습니다.

Related Words

#stand someone up (바람맞히다) #betray (배신하다)
#unexpectedly (예상치 못하게)

Example Sentences

- Lisa bailed on me. = Lisa가 날 바람맞혔어.
- How could you bail on me? = 어떻게 날 저버릴 수 있니?
- He bailed on us at the last minute. = 그는 막판에 우리와의 만남을 저버렸어.
- I needed her advice, but she bailed on me. = 그녀의 충고가 필요했는데 그녀는 날 저버렸어.
- Don't you bail on me again! = 날 다시는 바람맞히지 마!

have an argument with someone
~와 말다툼하다

Mayu Says

argue(말다툼하다)라는 동사를 써서 argue with someone이라고 해도 됩니다.
말싸움과 몸싸움을 다 포함하는 have a fight with someone이란 표현도 있으니 참고하세요!

Related Words

#conflict (갈등) # debate (논쟁) #compromise (타협하다)

Example Sentences

- I had an argument with my friend. = 나 친구랑 말타툼했어.
- Vivian had an argument with her husband. = Vivian은 자기 남편이랑 말타툼했어.
- We had a big argument. = 우리 말다툼 크게 했어.
- I don't want to have an argument with you. = 나 너랑 말다툼하기 싫어.
- What did you guys have an argument about? = 너희 뭐에 대해 말다툼했는데?

tell A on B

A에게 B를 일러바치다, A에게 B에 대해 일러바치다

Mayu Says

권위를 가진 사람(예: 부모님, 선생님)에게 B의 잘못을 고자질한다는 뉘앙스이며, 여기서 on은 about(~에 대해)의 역할을 합니다. 참고로 A는 언급하지 않고 빼도 상관없습니다. 예) tell on B

Related Words

#report (보고하다) #notify (알리다) #snitch on someone (~를 일러바치다)

Example Sentences

- I am going to tell Mom on you! = 너 엄마한테 이를 거야!
- I told Dad on John. = 아빠한테 John에 대해 일렀어.
- Are you really going to tell Mom on me? = 너 진짜 엄마한테 날 이를 거야?
- My sister told my teacher on me. = 여동생이 우리 선생님께 날 일렀어.
- Don't worry. I won't tell on you. = 걱정하지 마. 너 안 이를 거야.

set A up with B
A를 B와 연결해주다

Mayu Says

연애를 목적으로 연결해준다는 느낌이 강한 표현입니다. set up 대신 fix up 혹은 hook up을 써도 좋습니다.

Related Words

#blind date (소개팅) #introduce (소개하다) #arrange (만남 등을 조율하다)

Example Sentences

- I set him up with Kelly. = 난 걔를 Kelly랑 연결해줬어.
- Can you set me up with Chloe? = 나 좀 Chloe랑 연결해줄 수 있어?
- I'll set you up with one of my friends. = 널 내 친구 중 한 명이랑 연결해줄게.
- She set me up with a dentist. = 걔가 날 치과의사랑 연결해줬어.
- That's the guy I want to set you up with. = 저 사람이 내가 너랑 연결해주고 싶은 남자야.

be friends with someone
~와 친구가 되다

Mayu Says

친구는 혼자 되는 것이 아니기 때문에 복수형인 friends를 씁니다.
이 표현은 '이미 친구인 상태'라는 의미도 됩니다.

Related Words

#friendship (우정) #make friends (친구를 사귀다) #close friend (친한 친구)

Example Sentences

- Let's be friends. = 친구가 되자.
- I want to be friends with you. = 나 너랑 친구 하고 싶어.
- Do you want to be friends with me? = 너 나랑 친구 하고 싶니?
- I am friends with a famous singer. = 나 유명한 가수랑 친구야.
- Aren't you friends with Mayu? = 너 마유랑 친구 아니니?

bump into someone
~와 우연히 마주치다

Mayu Says

직역하면 '~에게 부딪히다'인데, 보통 일부러 부딪히는 경우는 드물기 때문에 '우연히'라는 뉘앙스가 들어갑니다.
비슷하게는 run into someone이 있습니다.

Related Words

#encounter (마주치다) #face (직면하다) #by chance (우연히)

Example Sentences

- I bumped into Janet in LA. = 난 LA에서 Janet을 우연히 마주쳤어.
- I bumped into my old friend yesterday. = 난 어제 내 오랜 친구를 우연히 마주쳤어.
- I don't want to bump into my ex. = 난 내 전 애인을 우연히 마주치고 싶지 않아.
- Guess who I bumped into. = 내가 누구랑 우연히 마주쳤게?
- She bumped into her math teacher. = 걔는 자기 수학 선생님이랑 우연히 마주쳤어.

be done with someone
~와 끝나다

Mayu Says

애인과의 관계가 끝났다는 의미로 자주 쓰며 done 대신 through를 써도 됩니다.

someone 대신 일이나 물건을 쓰면, 그것을 다 사용했다는 말이 됩니다.

Related Words

#over (완전히 끝난) #breakup (결별) #farewell (작별)

Example Sentences

- I am done with you! = 너랑은 끝이야!
- I am done with my stupid boyfriend! = 내 멍청한 남자친구랑 끝났어!
- We are done with each other. = 우린 서로 끝이야.
- I am done with the copy machine. = 저 복사기 다 썼어요.
- Are you done with this charger? = 이 충전기 다 쓰신 건가요?

Week 7

make up with someone
~와 화해하다

Mayu Says

make up을 직역하면 '만회하다'이기 때문에 서로 잘못한 일을 만회한다는 말이 됩니다.
사과할 때 자주 쓰는 "Let me make it up to you(내가 더 잘할게)."도 함께 알아두세요.

Related Words

#apologize (사과하다) #accept (받아들이다) #reconcile (화해시키다)

Example Sentences

- Did you guys make up? = 너희 화해했어?
- Why don't you guys just make up? = 너희 그냥 화해하는 게 어때?
- I made up with my brother. = 나 우리 형이랑 화해했어.
- I knew you'd make up with Greg. = 난 네가 Greg랑 화해할 걸 알고 있었어.
- Did you make up with your wife? = 너 아내랑 화해했니?

get someone wrong
~를 오해하다

Mayu Says

get은 understand의 의미를 가집니다. 잘못 이해한 것 = 오해한 것.
someone 대신 something을 써도 됩니다.

Related Words

#misunderstanding (오해) #miscontrue (오해하다) #innocent (무고
한)

Example Sentences

- You got me wrong! = 너 나 오해한 거야!
- She got it all wrong! = 걔는 그걸 완전히 오해했어!
- Don't get me wrong. = 날 오해하지는 마.
- He got my message wrong. = 걔는 내 메시지를 오해했어.
- You got her wrong. She's not a bad girl. = 넌 걔를 오해했어. 걔 나
  쁜 애 아니야.

apologize to someone
~에게 사과하다

Mayu Says

apologize(동사)를 apology(명사)와 혼동하는 실수가 엄청 잦습니다. 주의하세요!
make an apology(사과하다)라는 덩어리 동사도 알아두면 좋습니다.

Related Words

#regret (후회) #admit (인정하다) #sorry (마음이 안 좋은, 미안한)

Example Sentences

- Apologize to me. = 저한테 사과하세요.
- You should apologize to them. = 너 걔네한테 사과해야겠다.
- You'd better apologize to my girlfriend. = 내 여자친구한테 사과하는 게 좋을 겁니다.
- He never apologizes to me first. = 걔는 절대 나한테 먼저 사과 안 해.
- Let me apologize to you. = 당신에게 사과드리겠습니다.

owe someone an apology
~에게 사과해야 한다

Mayu Says

사과(apology)를 빚진(owe) 상태라는 건 결국 사과를 해야 한다는 말입니다.

사과를 받아들이겠다는 표현 "Apology accepted."도 함께 알아두세요.

Related Words

#fault (잘못) #mistake (실수) #make up (화해하다)

Example Sentences

- I owe you an apology. = 당신에게 사과해야겠군요.
- You know you owe me an apology, right? = 너 나한테 사과해야 하는 거 알지?
- Your father owes us an apology. = 당신의 아버지는 저희에게 사과해야 합니다.
- Emma owes her employees an apology. = Emma는 그녀의 직원들에게 사과해야 합니다.
- It was my fault and I owe you an apology. = 그거 내 잘못이라 너 한테 사과해야겠어.

do someone a favor
~의 부탁을 들어주다

Mayu Says

부탁을 받은 게 아니라 자발적으로 호의를 베풀었을 때도 사용합니다.
do a favor for someone의 형태로 쓸 수도 있지만 사용 빈도가 낮습
니다.

Related Words

#favor (호의, 부탁) #ask (부탁하다) #beg (간곡히 부탁하다)

Example Sentences

- Hey, do me a favor. = 야, 부탁 좀 들어줘.
- Could you do me a favor? = 제 부탁 좀 들어주실 수 있을까요?
- I did them a favor. = 난 그들에게 호의를 베푼 거야.
- Can you do me a big favor? = 큰 부탁 좀 들어줄 수 있어?
- My cousin did me a huge favor. = 내 사촌이 나한테 큰 호의를 베
  풀었어.

be close to someone
~와 친하다

Mayu Says

친하다고 표현할 때 영어로는 가깝다고 말합니다.
여기서 close는 형용사이기 때문에 발음을 "클로우즈"가 아니라 "클로우쓰"에 가깝게 해야 합니다.

Related Words

#old friend (오래된 친구) #BFF (가장 친한 친구) #intimate (친한)

Example Sentences

- I am close to Mayu. = 난 마유랑 친해.
- We are pretty close. = 우리 꽤 친해.
- Are you guys close? = 너희 친해?
- I am not so close to him. = 나 걔랑 별로 안 친해.
- I thought you two were close. = 난 너희 둘이 친한 줄 알았어.

get along with someone
~와 잘 지내다

Mayu Says

어색하거나 싸우지 않고 잘 어울린다는 말이며 fine, well 같은 단어를 뒤에 추가해도 좋습니다.
조금 더 캐주얼한 hit it off with someone(~와 죽이 맞다)도 알아두세요.

Related Words

#intimacy (친밀함) #buddy (친구) #awkward (어색한)

Example Sentences

- At first, we didn't get along well. = 처음엔 우린 잘 지내지 못했어.
- The kids are getting along fine. = 아이들이 잘 지내고 있어.
- I get along with my boss. = 난 우리 상사랑 잘 지내.
- I had trouble getting along with them. = 전 그들과 어울리는 데 애먹었어요.
- I hope my son gets along with them. = 제 아들이 그들과 잘 지내면 좋겠어요.

Week 8

make fun of someone
~를 놀리다

Mayu Says

누군가를 기분이 상할 정도로 놀린다는 강한 표현입니다.
반면, tease someone은 기분 상힐 정도가 아니라 가볍게 장난기 있게
놀린다는 느낌입니다.

Related Words

#mean (못된) #bully (괴롭히다) #offended (기분이 상한)

Example Sentences

- Don't make fun of me. = 날 놀리지 마.
- Don't make fun of my clothes. = 내 옷 가지고 놀리지 마.
- Stop making fun of my name! = 내 이름 가지고 그만 놀려!
- Henry made fun of my socks. = Henry가 내 양말을 가지고 놀렸어.
- Did you make fun of my sister? = 네가 내 여동생 놀렸어?

take it out on someone
~에게 화풀이하다

Mayu Says

여기서 it은 분노, 원망 정도가 됩니다. 그런 감정을 누군가에게 꺼낸다 (take out)는 말이죠.

조금 더 형식적인 표현으로는 vent one's anger on someone이 있습니다.

Related Words

#childish (유치한) #go off (성질이 폭발하다) #go nuts (미쳐버리다)

Example Sentences

· Don't take it out on your dog! = 개한테 화풀이하지 마!

· Why do you take it out on me? = 너 왜 나한테 화풀이해?

· He took it out on his brother. = 걔는 자기 동생한테 화풀이를 했어.

· I know you are upset, but don't take it out on your son. = 기분 상한 건 알겠는데 아들한테 화풀이하지는 마세요.

· He's been taking it out on his girlfriend. = 그는 자기 여자친구에게 화풀이해오고 있어.

keep in touch with someone
~와 연락하고 지내다

Mayu Says

여기서 touch는 접촉 혹은 연락이 닿는 상태를 뜻하며, 그것을 keep(유지)한다는 말입니다.
keep 대신 get을 쓰면 '연락이 닿다'라는 말로 바뀝니다.

Related Words

#contact (연락) #communication (소통) #connection (연줄)

Example Sentences

- Let's keep in touch! = 연락하고 지내자!
- We still keep in touch. = 우리 아직까지도 연락하고 지내.
- I still keep in touch with my ex-boss. = 나 아직도 내 전 상사랑 연락하고 지내.
- I'd like to keep in touch with you. = 당신과 연락하고 지내고 싶습니다.
- Let's keep in touch with each other. = 우리 서로 연락하고 지내자.

keep someone posted
~에게 계속 업데이트해주다

Mayu Says

상황이 변할 때마다 그에 맞게 계속 업데이트를 해준다는 말이며, posted 대신 updated를 써도 의미는 같습니다.

Related Words

#notify (알려주다) #alarm (알림) #information (정보)

Example Sentences

- I will keep you posted. = 너한테 계속 업데이트해줄게.
- I will keep you updated. = 너한테 계속 업데이트해줄게.
- Can you keep me posted? = 나한테 계속 업데이트해줄 수 있어?
- I need you to keep me posted. = 나한테 계속 업데이트해줘야 해.
- Why don't you keep us posted? = 저희한테 계속 업데이트해주시는 게 어때요?

once in a while

가끔

Mayu Says

a while 자체는 '긴 시간'을 의미하는데 그 긴 시간 중에 once(한 번)이기 때문에 가끔'으로 해석하는 것입니다.
비슷하게는 sometimes와 from time to time이 있습니다.

Related Words

#every now and then (때때로) #often (자주) #randomly (간헐적으로)

Example Sentences

- Once in a while, we go hiking. = 가끔, 우린 등산을 가.
- Once in a while, we eat out. = 가끔, 우린 외식을 해.
- Ryan calls me once in a while. = Ryan은 가끔 나한테 전화해.
- We hang out in Seoul once in a while. = 우린 서울에서 가끔 놀아.
- I get anxious once in a while. = 난 가끔 불안해.

bring up something
~을 꺼내다

Mayu Says

어떤 화젯거리나 이야기를 꺼낸다는 의미이며 부정적인 뉘앙스일 때가 많습니다.

something 자리에 대명사(it, that 등)를 넣을 때는 꼭 bring과 up 사이에 넣어주세요.

Related Words

#issue (화제) #past (과거) #embarrassing (민망한)

Example Sentences

- Don't bring it up again. = 그 얘기 다시는 꺼내지 마.
- She brought up my past again. = 걔가 내 과거 얘기를 또 꺼냈어.
- Did he bring up the problem again? = 그가 그 문제를 또 꺼냈니?
- Why do you have to bring it up now? = 그 얘기를 왜 지금 꺼내야 해?
- Josh brought up my embarrassing moments. = Josh가 내 민망한 순간들 얘기를 꺼냈어.

make it

해내다

Mayu Says

못 해낼 가능성이 있어 염려했는데 실제로는 해냈다는 뉘앙스가 스며 있습니다.

뒤에 to와 함께 장소를 쓰면 그곳에 문제없이 도착했다는 의미가 됩니다.

Related Words

#successfully (성공적으로) #thankfully (다행히) #luckily (운 좋게도)

Example Sentences

- You made it! = 해냈구나!
- I knew you would make it. = 네가 해낼 줄 알았어.
- Do you think you can make it? = 너 해낼 수 있을 거 같니?
- Luckily, I made it to the party on time. = 운 좋게 난 그 파티에 제시간에 도착했어.
- I can't make it to your wedding. = 나 네 결혼식에 못 가.

Week 9

go the extra mile
각별히 애쓰다

Mayu Says

요구되는 사항이 아님에도 모두에게 이득이 되기 위해 더욱 애쓴다는 말입니다.

비슷하게는 bend over backwards(엄청 노력하다, 각별히 애쓰다)가 있습니다.

Related Words

#dedication (헌신) #commitment (전념) #service (봉사)

Example Sentences

- Thank you for going the extra mile. = 각별히 애써줘서 고마워요.
- We always go the extra mile for our customers. = 저희는 항상 고객을 위해 각별히 애씁니다.
- The salesperson went the extra mile for us. = 그 판매원은 우릴 위해 각별히 애썼어.
- Your employee really went the extra mile for me. = 당신의 직원이 절 위해 정말 각별히 애썼어요.
- You didn't have to go the extra mile for me. = 절 위해 각별히 애쓰실 필요 없었어요.

make money

돈을 벌다

Mayu Says

돈을 번다고 할 때 earn이란 동사는 좀 형식적이기 때문에 make를 추천합니다.

money의 자리에 버는 금액을 넣어도 좋습니다.

Related Words

#salary (봉급) #raise (봉급 인상) #income (소득)

Example Sentences

- Let's make some money! = 돈 좀 벌어보자!
- The doctor makes a lot of money. = 그 의사는 많은 돈을 벌어.
- I made $50,000 last year. = 나 작년에 5만 달러 벌었어.
- She made a fortune! = 그녀는 엄청난 돈을 벌었어!
- How much money do you make a year? = 너 1년에 얼마나 많이 벌어?

give someone a hand
~를 거들어주다

Mayu Says

여기서 hand는 '거듦'이란 의미를 가집니다. 가벼운 도움이 필요할 때 사용하며, help someone out도 비슷한 표현입니다.

Related Words

#assistance (보조) #support (지원하다) #aid (도움)

Example Sentences

- Can you give me a hand? = 나 좀 거들어줄 수 있어?
- Let me give you a hand. = 내가 거들어줄게.
- Annie gave me a hand. = Annie가 날 거들어줬어.
- Give me a hand if you are not doing anything. = 아무것도 안 하고 있는 거면 나 좀 거들어줘.
- Please give us a hand. = 저희 좀 거들어주세요.

get back on one's feet
회복하다

Mayu Says

병이나 재정적 문제로 힘들어하다가 다시 회복하거나 상황이 좋아진다는 의미입니다.

이미 좋아진 상태를 강조하려면 get 대신 be동사를 쓰세요.

Related Words

#recover (회복하다) #get better (회복하다) #discharge (퇴원시키다)

Example Sentences

- I hope you get back on your feet. = 회복하길 바랍니다.
- He got back on his feet in no time. = 그는 아주 금방 회복했어.
- My mom is back on her feet. = 우리 엄마는 회복한 상태야.
- It took some time to get back on my feet. = 회복하는 데 좀 걸렸어.
- She is strong enough to get back on her feet. = 걔는 회복할 정도로 충분히 강해.

at the end of the day
결국에는

Mayu Says

긴 시간 여러 문제를 겪었지만 결과는 긍정적이라고 말할 때 자주 사용합니다.

같은 표현으로는 in the end가 있습니다.

Related Words

#conclusion (결과) #go through (겪다) #journey (여정)

Example Sentences

- At the end of the day, we are all brothers and sisters. = 결국 우린 모두 형제자매입니다.
- At the end of the day, I realized something. = 결국 난 뭔가를 깨달았어.
- At the end of the day, it's just money. = 결국 그건 돈일 뿐이야.
- At the end of the day, it doesn't really matter. = 결국 그건 그렇게 중요하진 않아.
- At the end of the day, love is the only thing that matters. = 결국 사랑만이 중요한 거야.

out of one's mind
정신 나간

Mayu Says

이 표현 전체를 형용사로 사용합니다.
미쳤다는 의미의 crazy, mad, nuts 같은 형용사들보다 조금 덜 직설적인 편입니다.

Related Words

#nonsense (말도 안 되는 것) #ridiculous (터무니없는) #insane (미친)

Example Sentences

- My brother is out of his mind. = 우리 형은 정신이 나갔어.
- Are you out of your mind? = 너 정신 나갔니?
- You must be out of your mind! = 너 정신 나갔나 보구나!
- I was totally out of my mind. = 난 완전히 정신이 나갔었어.
- They are out of their mind. = 걔네는 정신이 나갔어.

as well

또한

Mayu Says

문장 맨 뒤에 추가해 '또한', '역시', '~도' 같은 뜻으로 사용합니다.
비슷하게는 too와 also가 있습니다.

Related Words

#additionally (추가적으로) #likewise (마찬가지로) #the same (같은)

Example Sentences

- I like hip hop music as well. = 난 힙합 음악도 좋아해.
- We bought a helicopter as well. = 우리 헬리콥터도 샀어.
- She is smart as well. = 걔는 똑똑하기도 해.
- They included red as well. = 그들은 빨간색도 포함시켰어.
- I want a bottle of wine as well. = 와인 한 병도 원해요.

Week 10

be in the mood for something
~을 즐길 기분이다

Mayu Says

여기서 something 자리에는 보통 activity를 나타내는 단어들이 들어가
는데, 그것을 즐길 기분이라는 말입니다.
대부분 부정적으로 '~을 할 기분이 아니다'로 많이 씁니다.

Related Words

#feelings (감정) #upset (기분이 상한) #disgruntled (언짢은)

Example Sentences

- I am not in the mood for a party. = 난 파티를 즐길 기분이 아니야.
- Mom is not in the mood for a dance. = 엄마는 춤을 출 기분이 아
  니야.
- Are you in the mood for something fun? = 뭔가 재미있는 거 즐길
  기분이니?
- I was not in the mood for jokes. = 난 농담을 즐길 기분이 아니었어.
- Are you in the mood for a movie? = 너 영화 즐길 기분이니?

take something to go
~을 포장해 가다

Mayu Says

특히 식당에서 다 못 먹은 음식을 포장해 갈 때 유용합니다.
"For here or to go? (드시고 가실 건가요, 아니면 포장해 가실 건가요?)"
도 알아두세요.

Related Words

#order (주문하다) #take-out food (포장음식) #delivery food (배달음식)

Example Sentences

- Can I take this to go? = 이거 포장해 가도 돼요?
- I'd like to take these leftovers to go. = 이 남은 음식 포장해 가고 싶은데요.
- Would you like to take the fries to go? = 그 프라이 포장해 가고 싶으세요?
- We should take the steak to go. = 우리 그 스테이크 포장해 가는 게 좋겠어.
- Why don't we take everything to go? = 우리 다 포장해 가는 게 어때?

get goosebumps
닭살/소름이 돋다

Mayu Says

영어에서는 닭살이 아니라 거위살이 돋는다고 합니다.
한국어와 마찬가지로 소름 돋는 일이나 추운 날씨에 반응할 때 씁니다.

Related Words

#goose (거위) #get chills (소름이 돋다) #chilly (쌀쌀한)

Example Sentences

- I just got goosebumps. = 나 방금 소름 돋았어.
- She got goosebumps all over her body. = 그녀는 온몸에 소름이 돋았다.
- Why do humans get goosebumps? = 인간은 왜 닭살이 돋을까?
- I got goosebumps because it was cold. = 추워서 닭살이 돋았어.
- I never get goosebumps. = 난 절대 닭살이 안 돋아.

break the bank
너무 많은 돈이 들다

Mayu Says

은행계좌를 박살(break) 낼 정도로 감당하지 못할 돈이 든다는 표현입니다.

비슷한 표현으로는 cost someone a fortune(~에게 엄청난 돈이 들게 하다)이 있습니다.

Related Words

#broke (빈털터리인) #bankrupt (파산한) #costly (비용이 많이 드는)

Example Sentences

- This will break the bank. = 이건 너무 많은 돈이 들 거야.
- Don't worry. It won't break the bank. = 걱정하지 마. 너무 많은 돈은 들지 않을 거니까.
- Do you think it will break the bank? = 돈이 너무 많이 들 것 같아요?
- A small purse won't break the bank. = 작은 지갑 하나에 너무 많은 돈이 들지는 않을 거야.
- One night at a hotel won't break the bank. = 호텔에서의 하룻밤에 너무 많은 돈이 들지는 않을 거야.

be dying to do something
~하고 싶어서 죽겠다

Mayu Says

want to do something(~을 하고 싶다)보다 간절함이 강하게 들어간 표현입니다.
조금 더 형식적인 표현으로는 be eager to do something이 있습니다.

Related Words

#desperate (간절한) #desire (욕구) #long (열망하다)

Example Sentences

- I am dying to see you. = 널 보고 싶어 죽겠어.
- She is dying to buy a car. = 그녀는 차를 사고 싶어 죽으려 해.
- They are dying to meet him in person. = 그들은 그를 직접 만나고 싶어 죽으려 해.
- We are dying to hear from her. = 우린 그녀의 소식을 듣고 싶어 죽겠어.
- He is dying to show off his skills. = 그는 자기 실력을 보여주고 싶어 죽으려 해.

give someone a refund
~에게 환불을 해주다

Mayu Says

반대로 환불을 받는다고 할 때는 get a refund라고 합니다.
전액을 환불해줄 때는 a refund 대신 a full refund를 사용합니다.

Related Words

#refund policy (환불 정책) #exchange (교환) #price tag (가격표)

Example Sentences

- Please give me a refund. = 환불해주세요.
- I can't give you a refund. = 환불해드릴 수 없습니다.
- Why can't you give me a refund? = 왜 환불 못 해주시는데요?
- The owner gave me a refund. = 그 주인이 나한테 환불해줬어.
- She gave me a full refund. = 그녀가 나한테 전액 환불을 해줬어.

exchange A for B
A를 B로 교환하다

Mayu Says

A를 주고 그 대신 B를 받는 것입니다. 순서에 주의하세요.
서로 연락처를 교환한다고 할 때 쓰는 exchange one's phone numbers도 알아두면 좋습니다.

Related Words

#replace (교체하다) #substitute (대체하다) #change one's mind (마음을 바꾸다)

Example Sentences

- I want to exchange this for something else. = 이걸 다른 걸로 교환하고 싶어요.
- I want to exchange this sweater for this shirt. = 이 스웨터를 이 셔츠로 교환하고 싶어요.
- Can I exchange this for a smaller size? = 이걸 더 작은 사이즈로 교환할 수 있나요?
- She wants to exchange the pants for a bigger size. = 그녀는 그 바지를 더 큰 사이즈로 교환하고 싶어 해.
- Let's exchange our phone numbers. = 전화번호를 교환하자.

Week 11

get a discount
할인을 받다

Mayu Says

무엇을 할인받는지 말하려면 뒤에 on을 추가하세요. 예) on the shirt
discount 앞에 할인금액이나 할인율을 추가할 수도 있습니다.

Related Words

#deal (거래) #on sale (할인 중인) #for sale (판매 중인)

Example Sentences

- I got a discount. = 나 할인받았어.
- She got a big discount. = 걔는 엄청 할인받았어.
- I got a discount on these glasses. = 나 이 안경 할인받았어.
- I got a 30% discount. = 나 30퍼센트 할인받았어.
- Can you give me a discount? = 할인해줄 수 있나요?

pay with something
~으로 지불하다

Mayu Says

something의 자리에 지불수단을 쓰면 됩니다.
cash(현금)의 경우에는 with 대신 in을 써도 되고, 아예 전치사를 안 써
도 됩니다.

Related Words

#payment (지불) #cashier (계산대 직원) #transaction (거래)

Example Sentences

- I paid with a credit card. = 나 신용카드로 냈어.
- You can pay with cash. = 현금으로 지불하셔도 됩니다.
- Can I pay with a debit card? = 체크카드로 지불해도 되나요?
- He paid with a check. = 걔는 수표로 냈어.
- I will just pay cash. = 그냥 현금을 낼게요.

make a reservation
예약하다

Mayu Says

장소나 물건을 예약한다고 할 때 사용합니다.
공적인 만남이나 전문가와의 만남을 예약할 때는 make an appointment
를 씁니다(DAY 74 참조).

Related Words

#reserve (예약하다) #book (예약하다) #guest list (손님 명단)

Example Sentences

- Did you make a reservation? = 예약하셨나요?
- I already made a reservation. = 이미 예약했어요.
- I forgot to make a reservation. = 예약하는 걸 잊었어.
- You'd better make a reservation. = 예약하는 게 좋을 거야.
- I made a 6:30 reservation. = 6시 반으로 예약했는데요.

make an appointment
예약하다

Mayu Says

장소나 물건을 예약하는 것이 아니라 의사, 상담사 등 전문가와의 만남 혹은 논의 등을 위한 만남을 예약한다는 뜻입니다.
이미 예약을 해두었다고 할 땐 have an appointment라고 하면 됩니다.
개인적인 만남을 위한 예약(약속)을 잡을 땐 make plans를 쓰세요.

Related Words

#doctor's appointment (진료 예약) #in advance (미리) #by appointment only (예약으로만)

Example Sentences

- Did you make an appointment? = 예약하셨나요?
- I made an appointment with Dr. Johnson. = Johnson 선생님과 예약했어요. = Johnson 선생님 진료 예약했어요.
- I made an 3 o'clock appointment. = 3시로 예약했어요.
- Don't forget to make an appointment. = 예약하는 거 잊지 마.
- I made an appointment with my therapist. = 내 치료사와 예약을 잡았어.

pick up the bill
음식값을 내다

Mayu Says

혼자 먹고 계산한다는 의미보다는 보통 같이 먹고 한턱낸다는 느낌으로 씁니다.

bill 대신 tab이나 check을 써도 좋습니다.

Related Words

#restaurant (식당) #generous (관대한) #tip (팁)

Example Sentences

- Let me pick up the bill. = 내가 음식값을 낼게.
- No, I'll pick up the bill this time. = 아니, 이번엔 내가 음식값을 낼게.
- So, who picked up the bill? = 그래서 누가 음식값을 냈는데?
- Jolly offered to pick up the bill. = Jolly가 음식값을 내겠다고 제안했어.
- Mike picked up the bill on their first date. = 첫 데이트에서 Mike가 음식값을 냈어.

on the house
서비스로 제공되는

Mayu Says

식당, 카페, 술집 등에서 서비스로 음식이나 음료를 제공하겠다는 의미로
씁니다. 이 표현 전체를 형용사로 쓰면 돼요.
비슷하게는 on us(우리가 내는)가 있습니다.

Related Words

#repeat customer (또 찾는 손님) #regular customer (단골손님)
#patron (고객)

Example Sentences

- It's on the house. = 서비스입니다.
- The wine is on the house. = 와인은 서비스입니다.
- Your drinks are on the house. = 손님의 음료는 서비스입니다.
- The fries are on us. = 프라이는 서비스입니다.
- The meals are going to be on us. = 식사는 서비스로 제공될 것입
  니다.

have change for something
~을 바꿔줄 잔돈이 있다

Mayu Says

change는 잔돈이나 거스름돈을 말하며 관사 없이 사용합니다.
something의 자리에 바꾸려고 하는 큰 단위의 지폐를 명사로 넣으면 됩
니다. 예) for a $100 bill

Related Words

#coin (동전) #bill (지폐) #exchange (교환)

Example Sentences

- Do you have change for a $100 bill? = 100달러짜리 지폐 바꿔줄
  잔돈 있나요?
- Do you have change for a $20 bill? = 20달러짜리 지폐 바꿔줄 잔
  돈 있나요?
- We have no change for that. = 그걸 바꿔줄 잔돈은 없어요.
- We don't have enough change for that. = 그걸 바꿔줄 잔돈이 충
  분치 않아요.
- We might have change for that. = 그걸 바꿔줄 잔돈이 있을지도
  모르겠네요.

Week 12

on sale

할인 중인

Mayu Says

이 표현 전체를 형용사로 사용합니다.
할인 중이라는 뜻도 되지만 문맥에 따라 아주 드물게 판매 중이라는 뜻
으로 쓰이기도 합니다.

Related Words

#discount (할인) #opportunity (기회) #clearance sale (점포정리
할인)

Example Sentences

- The socks are on sale. = 그 양말들은 할인 중입니다.
- Everything in the store is on sale. = 상점 내 모든 물건이 할인 중입
  니다.
- Is this on sale? = 이거 할인 중인가요?
- No, that's not on sale. = 아니요. 그건 할인 중이 아닙니다.
- The leggings will be on sale until tomorrow. = 그 레깅스들은 내일
  까지 할인 중일 거예요.

for sale

판매 중인

Mayu Says

for sale은 '할인 중'이라는 의미가 아니라 '판매 중' 혹은 '판매용'이라는 뜻입니다.
sale을 sales(복수)로 쓰지 않도록 유의하세요!

Related Words

#auction (경매) #market (시장) #sold out (품절된)

Example Sentences

- Is this for sale? = 이거 판매 중인가요?
- The house is for sale. = 그 집은 판매 중입니다.
- I'm sorry. Those are not for sale. = 죄송해요. 그것들은 판매용이 아니에요.
- His paintings are for sale. = 그의 그림들은 판매 중이에요.
- As far as I know, that one is not for sale. = 제가 알기로 그건 판매용이 아니에요.

try on something
~을 입어보다

Mayu Says

옷을 입는다는 동작은 기본적으로 put on이란 동사로 표현하는데, try on은 한 번쯤 입어본다는 뉘앙스를 지닙니다. something이 대명사라면 try와 on 사이에 넣어주세요.

Related Words

#fitting room (피팅 룸) #throw on (급하게 입다) #take off (벗다)

Example Sentences

- Try on this skirt. = 이 치마 입어봐.
- Try this on. = 이거 입어봐.
- Do you want to try them on? = 그것들 입어보고 싶으세요?
- Can I try on these jeans? = 이 청바지 입어봐도 돼요?
- I already tried on the blouse. = 그 블라우스 벌써 입어봤어.

throw on something
~을 걸쳐 입다

Mayu Says

throw는 던진다는 의미인데, 이 표현은 급해서 정말 던지듯이 걸쳐 입는다는 말입니다.
참고로 throw의 과거형은 threw입니다. something이 대명사라면 throw와 on 사이에 넣으세요.

Related Words

#hurriedly (황급히) #panic (당황하다) #in a hurry (급한)

Example Sentences

- Throw it on! = 그걸 걸쳐 입어!
- I had to throw on something. = 난 뭐라도 걸쳐 입어야만 했어.
- She threw on her pajamas. = 그녀는 파자마를 걸쳐 입었어.
- I threw on my coat and went to the door. = 난 코트를 걸쳐 입고 문으로 갔어.
- Let me throw on some shoes first. = 신발부터 좀 빨리 신을게.

sign up for something
~을 신청하다, ~에 등록하다

Mayu Says

sign(서명)을 함으로써 명단에 자기 이름을 up(올린다)고 생각하면 좋습니다.

apply for something과는 달리, 심사 과정 없이 무조건 등록된다는 의미입니다. 예) 마트 멤버십

Related Words

#membership (멤버십) #form (양식) #signature (서명)

Example Sentences

- Sign up for our membership. = 저희 멤버십을 신청하세요.
- Would you like to sign up for it? = 그거 신청하고 싶으신가요?
- I already signed up for an email account. = 이메일 계정 벌써 신청했어.
- Did you sign up for the project? = 너 그 프로젝트에 등록했어?
- She didn't sign up for the free lesson. = 걔는 그 무료 레슨을 신청하지 않았어.

be happy with something
~에 만족하다

Mayu Says

satisfied보다 사실은 happy가 더 큰 만족감을 표현해줍니다.
무엇에 만족하는지를 명사로 something의 자리에 넣습니다.

Related Words

#satisfaction (만족) #evaluation (평가) #testimonial (추천 글)

Example Sentences

- I am happy with the product. = 전 그 제품에 만족해요.
- I am not happy with the router. = 전 그 공유기에 만족하지 않아요.
- Are you happy with your relationship? = 넌 너희 관계에 만족하니?
- I will be happy with anything. = 난 무엇에든 만족할 거야.
- Jodie is happy with the result. = Jodie는 그 결과에 만족해.

be included in something
~에 포함되어 있다

Mayu Says

include는 포함한다는 의미를 가지는데 그것을 수동태로 쓴 패턴입니다. 반내로, 무인가에시 제외되어 있다면 be excluded from something을 쓰면 됩니다.

Related Words

#contain (함유하다) #exclude (제외하다) #including (포함하여)

Example Sentences

- Everything is included in the price. = 모든 게 그 가격에 포함되어 있습니다.
- Is dinner included in the price? = 그 가격에 저녁 식사가 포함되어 있나요?
- What's included in the price? = 가격에 뭐가 포함되어 있어요?
- Breakfast is included in the package. = 그 패키지에 아침 식사가 포함되어 있습니다.
- Tax is included in the final price. = 최종 가격에 세금이 포함되어 있습니다.

Week 13

A comes with B
A에 B가 딸려 오다

Mayu Says

A와 B의 순서는 크게 중요하지 않습니다. 뭔가 무료로 딸려 온다는 게 핵심이며, for free(무료로)는 굳이 넣을 필요가 없습니다.

Related Words

#complimentary (무료로 제공되는) #throw in (~을 덤으로 주다)
#warranty (품질 보증서)

Example Sentences

- It comes with a 3-year warranty. = 그건 3년 품질 보증서가 딸려 옵니다.
- The car comes with leather seats. = 그 차는 가죽시트가 딸려 와요.
- Does it come with a warranty? = 그건 보증서가 딸려 오나요?
- The package comes with free movie tickets. = 그 패키지에는 무료 영화표가 딸려 와요.
- The vacuum cleaner comes with a manual. = 그 진공청소기에는 사용설명서가 딸려 와.

look good on someone
~에게 잘 어울리다

Mayu Says

옷이 잘 어울린다고 할 때 사용하는데, good 대신 다른 형용사를 써서 응용할 수 있습니다.
on을 쓰는 이유는 옷이 몸 표면 위에 걸쳐지기 때문입니다.

Related Words

#clothes (옷) #compliment (칭찬) #fit (어울림)

Example Sentences

- It looks good on you. = 그거 너한테 잘 어울린다.
- Pink looks good on you. = 핑크가 너한테 잘 어울리네.
- The blouse looked good on her. = 그 블라우스는 걔한테 잘 어울렸어.
- The shorts look cute on you. = 그 반바지 너한테 귀여워 보여. = 그 반바지 네가 입으니 귀여워 보여.
- Does this look too fancy on me? = 이거 나한테 너무 화려해 보여?

go well with something
~와 잘 어울리다

Mayu Says

색상, 스타일 등이 서로 잘 어울린다고 할 때 사용합니다.
well을 굳이 안 넣어도 이미 잘 어울린다는 느낌을 주며, well 대신
nicely, perfectly 등을 넣어 응용 가능합니다.

Related Words

#stylish (스타일이 살아 있는) #match (어울리다) #combination (조합)

Example Sentences

- This bracelet will go well with your dress. = 이 팔찌가 네 드레스랑 잘 어울릴 거야.
- This wine goes well with seafood. = 이 와인은 해산물과 잘 어울리죠.
- This vase goes well with roses. = 이 꽃병은 장미랑 잘 어울려.
- White goes with anything. = 흰색은 무엇과도 잘 어울리죠.
- It will go perfectly with your suit. = 그건 손님의 정장과 완벽하게 어울릴 겁니다.

eat out
외식하다

Mayu Says

비슷하게는 go out to eat(나가서 먹다, 먹으러 나가다)이 있습니다.
반대로, 집에서 먹는다고 할 때는 eat at home을 쓰면 됩니다.

Related Words

#restaurant (식당) #diner (캐주얼한 식당) #occasion (특별한 경우)

Example Sentences

- Let's eat out tonight. = 오늘 밤엔 외식하자.
- I feel like eating out tonight. = 오늘 밤엔 외식하고 싶은 기분이야.
- We used to eat out every other day. = 우린 격일로 외식하곤 했어.
- It's been forever since we ate out. = 우리 외식한 지 엄청 오래됐 잖아.
- Let's go out to eat. = 나가서 먹자.

go shopping
쇼핑하러 가다

Mayu Says

이렇게 go 뒤에 ~ing를 넣으면 그 행동을 하러 간다는 말이 됩니다.
보통 활동적인 동사에 자주 씁니다. 예) 낚시, 등산, 스키 등

Related Words

#activity (활동) #window shopping (눈으로 하는 쇼핑) #spare time
(여가)

Example Sentences

- Let's go shopping. = 쇼핑하러 가자.
- I don't feel like going shopping. = 쇼핑하러 가고 싶은 기분이 아니야.
- I went shopping with my sister. = 나 우리 언니랑 쇼핑하러 갔어.
- Should we go shopping for Christmas gifts? = 우리 크리스마스 선물 쇼핑하러 가야 하나?
- Let's go fishing. = 낚시하러 가자.

decide between A and B

A와 B 중에 결정을 못 하다

Mayu Says

decide(결정하다) 대신 choose(선택하다)를 써도 좋습니다.
여기서 A와 B에는 명사를 쓸 수도 있고 ~ing를 쓸 수도 있습니다.

Related Words

#decision (결정) #final (최종의) #choice (선택)

Example Sentences

- I can't decide between option A and option B. = 옵션 A랑 B 중에 결정을 못 하겠어.
- We couldn't decide between white and blue. = 흰색이랑 파란색 중에 결정을 못 했어.
- She couldn't decide between the red car and the black car. = 걔는 빨간색 차랑 검은색 차 중에 결정을 못 했어.
- We have to decide between jajangmyun and jambong. = 짜장면과 짬뽕 중에 결정해야 해.
- Choose between option A and option B. = 옵션 A랑 B 중에 선택해.

can afford something
~을 사거나 누릴 여유가 되다

Mayu Says

물건을 사거나 누릴 여유가 된다는 의미이며, 여유가 없다고 할 땐 can 대신 can't를 쓰면 됩니다. afford는 can/can't 없이는 힘을 못 쓰는 말이에요.

Related Words

#wealth (부) #available (시간이 되는) #budget (예산)

Example Sentences

- I can afford a car. = 나 자동차 살 여유 돼.
- Can you afford a house? = 너 집 살 여유 되니?
- I can't afford a house yet. = 나 아직 집 살 여유는 없어.
- We couldn't afford the boat. = 우린 그 보트를 살 여유가 안 됐어.
- I can't afford a vacation. = 난 휴가를 누릴 여유가 없어.

Week 14

look up something
~을 찾아보다

Mayu Says

인물이나 정보 등을 조회해본다는 의미입니다.
사전이나 책 등에서 찾아볼 땐 뒤에 in을 추가하고, 웹사이트 등에서 조
회할 땐 on을 추가합니다.

Related Words

#search (조회하다) #investigate (조사하다) #find (찾아내다)

Example Sentences

- Look up my name. = 내 이름을 찾아봐.
- Look it up in your dictionary. = 사전에서 그걸 찾아봐.
- I looked up his name on Google. = 난 그의 이름을 구글에서 찾아
  봤어.
- Let me look up your information. = 손님의 정보를 찾아볼게요.
- Look me up when you are in Paris. = 파리에 오면 날 찾아봐.

pay off something
~을 청산하다

Mayu Says

pay off는 전부 지불해서(pay) 장부에서 없앤다(off)는 의미입니다.
점점 갚아간다고 말할 땐 pay down을 써줍니다.

Related Words

#loan (대출) #burden (짐) #responsible (책임감 있는)

Example Sentences

- Pay off your debt. = 네 빚을 청산해.
- I have already paid off my debt. = 내 빚 이미 청산했어.
- Pay off your mortgage ASAP. = 가능한 한 빨리 대출을 청산해.
- It took 10 years to pay it off. = 그걸 청산하는 데 10년이 걸렸어.
- I am slowly paying down my student loan. = 천천히 내 학자금 대출을 갚아가는 중이야.

print out something
~을 출력하다

Mayu Says

out을 빼면 '신문이나 책 등을 찍어내다'처럼 큰 작업의 느낌이 될 수 있으니 유의하세요.
something이 대명사일 경우엔 print와 out 사이에 넣으세요.

Related Words

#printer (프린터) #copy machine (복사기) #document (서류)

Example Sentences

- Did you print it out? = 너 그거 출력했어?
- Gosh, I forgot to print it out. = 어휴, 그거 출력하는 거 깜빡했네.
- Please print out this document. = 이 서류를 출력해주세요.
- It took me an hour to print out everything. = 다 출력하는 데 한 시간 걸렸어.
- Could you print out this photo? = 이 사진 좀 출력해줄 수 있어?

stand for something
~을 나타내다

Mayu Says

약어 혹은 두문자어로 된 것의 의미를 설명할 때 유용합니다. 특정한 로고 등이 무엇을 상징하는지 표현할 때도 씁니다.

Related Words

#acronym (두문자어) #symbolize (상징하다) #represent (나타내다)

Example Sentences

- AE stands for American English. = AE는 미국식 영어를 나타냅니다.
- The letter M stands for Mayu. = M이란 철자는 마유를 나타내요.
- What does it stand for? = 그게 뭘 나타내는 거예요?
- It stands for unity. = 그건 화합을 나타내죠.
- Our logo stands for peace. = 저희 로고는 평화를 상징합니다.

take back something

~을 취소하다

Mayu Says

기본적으로는 줬던 것을 도로 가져간다는 의미도 되지만, 자신이 한 말 (특히 안 좋은 말)을 취소한다는 의미로 자주 씁니다.

Related Words

#retract (철회하다) #get back (되찾다) #argument (말싸움)

Example Sentences

- Take it back. = 그 말 취소해.
- OK. OK. I take it back. = 알겠어. 알겠어. 그 말 취소할게.
- Take back what you just said. = 방금 한 말 취소해.
- You'd better take it back. = 그 말 취소하는 게 좋을 거야.
- They took back the packages. = 그들은 그 소포들을 도로 가져 갔어.

turn into something
~로 변하다

Mayu Says

새로운 모습이나 성질로 변한다는 의미인데, turn 뒤에 목적어를 넣으면 그것을 변하게 만든다는 의미가 됩니다.

Related Words

#transform (변신하다) #change (바뀌다) #spell (주문)

Example Sentences

- The prince turned into a frog. = 그 왕자는 개구리로 변했어.
- She turned into a beautiful princess. = 그녀는 아름다운 공주로 변했어.
- Perry turned into a greedy man. = Perry는 욕심 많은 남자로 변했어.
- They turned into golden eggs. = 그것들은 황금알로 변했어.
- They turned me into a superstar. = 그들은 날 슈퍼스타로 변신시켰어.

watch out for something
~을 조심하다

Mayu Says

명령어나 조언의 말투로 사용하는 경우가 대부분입니다.
watch out 뒤에 for something은 옵션일 뿐이므로 단독으로 'Watch out(조심해)!'이라고 쓸 수도 있습니다.

Related Words

#careful (조심하는) #careless (부주의한) #caution (주의)

Example Sentences

- Watch out for the car! = 그 차 조심해!
- Please watch out for pedestrians. = 보행자들을 조심해주세요.
- You should watch out for it. = 너 그거 조심하는 게 좋아.
- We had to watch out for the icicles. = 우린 그 고드름들을 조심해야만 했어.
- Watch out! = 조심해!

Week 15

Congratulations on something
~을 축하합니다

Mayu Says

Congratulations를 쓸 때 s로 스펠링이 끝나는 것에 유의하세요. 줄임말인 Congrats도 마찬가지입니다. Congratulation이니 Congrat이라고 쓰면 콩글리시가 됩니다.

Related Words

#celebration (기념) #recognize (인정하다) #impressive (인상적인)

Example Sentences

- Congratulations on your wedding! = 결혼 축하해!
- Congratulations on your promotion! = 승진 축하해!
- Congrats on your success! = 성공 축하해!
- Congrats on your baby girl! = 딸 낳은 거 축하해!
- He congratulated me on my promotion. = 그가 내 승진을 축하해 줬어.

put up with someone
~를 참다, ~를 견디다

Mayu Says

짜증 나는 사람 혹은 그 사람의 행동이나 말을 참고 견딘다는 의미입니다.
비슷한 말로는 stand someone이 있습니다.

Related Words

#annoyed (짜증 난) #furious (분노하는) #complaint (불평)

Example Sentences

- Thanks for putting up with me. = 날 참아줘서 고마워.
- I can't put up with her. = 난 그녀를 못 견디겠어.
- How do you put up with that? = 넌 그걸 어떻게 참니?
- I can't put up with her weird jokes. = 난 그녀의 이상한 농담을 못 참겠어.
- I can't stand him anymore. = 난 그를 더 이상 못 견디겠어.

take a trip
여행 가다

Mayu Says

go on a trip과 같은 의미의 표현입니다(take a picnic이라고는 쓰지 않음).
어디로 가는지 말하려면 뒤에 to를 추가하세요!

Related Words

#vacation (휴가) #refresh (재충전하다) #destination (목적지)

Example Sentences

- Let's take a trip. = 여행 가자.
- We are taking a trip to Paris. = 우리 파리로 여행 가.
- I took a trip to Canada. = 나 캐나다로 여행 갔어.
- He took a business trip to Hong Kong. = 그는 홍콩으로 출장 갔어.
- My wife and I took a trip to Busan. = 아내랑 난 부산으로 여행 갔어.

take a picture

사진을 찍다

Mayu Says

picture 대신 photo를 써도 좋습니다.
누군가의 사진을 찍을 땐 뒤에 of를, 누구와 사진을 찍을 땐 with를 추가
합니다.

Related Words

#photograph (사진) #photography (사진술) #selfie (셀카)

Example Sentences

- Let's take a picture. = 사진 찍자.
- I took a picture of the dog. = 난 그 개를 찍었어.
- Could you take a picture of us? = 저희 사진 좀 찍어주실 수 있나
  요?
- She took a picture with Mayu. = 걔는 마유랑 사진을 찍었어.
- I took a selfie. = 나 셀카 찍었어.

show someone around
~을 구경시켜주다

Mayu Says

어디를 구경시켜주는지 말하려면 around 바로 뒤에 장소를 추가하세요. 관광의 목적이 아니라 오픈하우스처럼 단순히 장소를 보여준다는 말도 됩니다.

Related Words

#guide (안내인) #tour (관광) #introduce (소개하다)

Example Sentences

- Why don't you show him around? = 그에게 구경시켜주는 게 어때?
- I will show you around. = 내가 구경시켜줄게.
- Show him around the office. = 그에게 사무실을 구경시켜주게.
- John showed me around the city. = John이 시내를 구경시켜줬어.
- Can you show me around? = 저 좀 구경시켜줄 수 있어요?

see someone off

~를 배웅하다, ~를 배웅하러 가다

Mayu Says

어디에서 배웅하는지 쓰려면 뒤에 at을 추가합니다.
마중한다고 할 땐 pick someone up(~를 픽업하다)을 쓰거나 go to meet someone(~를 만나러 가다)을 쓰세요.

Related Words

#farewell (작별) #depart (떠나다) #say one's goodbyes (작별 인사를 하다)

Example Sentences

- My boyfriend saw me off at the airport. = 남자친구가 공항에 배웅하러 나왔어.
- I am going to see them off at the train station. = 난 기차역에 그들을 배웅하러 갈 거야.
- He left to see his son off. = 그는 아들을 배웅하러 가기 위해 떠났어.
- Are you going to see them off? = 너 걔네 배웅하러 갈 거야?
- She offered to see me off. = 그녀는 날 배웅해주겠다고 했어.

take a shower
샤워하다

Mayu Says

참고로 샤워실은 the shower라고 하는데, 샤워 중이라고 할 때는 샤워실에 있다고 표현하기도 합니다. 예) I'm in the shower.

Related Words

#towel (수건) #lather (비누 거품 칠을 하다) #loofah (목욕용 수세미)

Example Sentences

- Take a shower already! = 어서 샤워해!
- You didn't take a shower, right? = 너 샤워 안 했지, 응?
- I'm too lazy to take a shower. = 샤워하기엔 너무 귀찮다고.
- I'm going to take a shower after this. = 이거 끝나고 샤워할 거야.
- Are you in the shower? = 너 샤워 중이야?

Week 16

pack one's bags
~의 짐을 싸다

Mayu Says

항상 그런 건 아니지만 이 표현에서는 대체로 bag을 복수로 사용합니다. 캐주얼하게 bags 대신 물건을 나타내는 stuff나 things를 쓰기도 합니다.

Related Words

#travel (여행) #suitcase (여행 가방) #carry-on bag (캐리어)

Example Sentences

- Pack your bags. = 짐 싸.
- Are you still packing your bags? = 너 아직도 짐 싸고 있니?
- I am done packing my bags. = 나 짐 다 쌌어.
- I still have to pack my bags. = 나 아직 짐 싸야 해.
- Pack your stuff. = 네 물건 싸.

be new to something
~이 처음이다

Mayu Says

뭔가를 처음 접해서 그것이 생소하다, 그것에 익숙하지 않다는 의미입니다.

something이 장소일 경우에는 to 대신 in을 쓰기도 합니다.

Related Words

#beginner (초보자) #novice (초보자) #unfamiliar (친숙하지 않은)

Example Sentences

- I am new to this. = 나 이거 처음이야.
- She is relatively new to this. = 그녀는 비교적 이것에 익숙하지 않아.
- They are new to this country. = 걔네는 이 나라가 처음이야.
- Mandy is new to such terms. = Mandy는 그런 용어들이 생소해.
- I am new to this type of work. = 전 이런 일은 처음이에요.

freak out
소스라치게 놀라다

Mayu Says

소스라치게 놀라거나 자제력을 잃고 난리를 친다는 뜻입니다.
freak과 out 사이에 목적어를 넣으면 그 사람을 놀라게 하거나 자제력을
잃게 만든다는 말이 됩니다.

Related Words

#shocked (충격을 받은) #scared (겁먹은) #scream (소리 지르다)

Example Sentences

- The little girl freaked out. = 그 어린 여자애는 소스라치게 놀랐어.
- My parents freaked out. = 우리 부모님이 노발대발하셨어.
- James freaked out when I broke his phone. = 내가 James의 전
  화기를 고장 냈을 때 걔는 노발대발했어.
- His voice freaks me out. = 그의 목소리는 날 겁나게 만들어.
- You freaked me out! = 깜짝 놀랐잖아요!

take a walk
산책하다

Mayu Says

walk의 l은 발음하지 마세요. '월크 (X)' → '웍(O)'
비슷하게는 take a stroll이 있으며, go for a walk(산책하러 가다)도 세
트로 알아두세요.

Related Words

#jog (조깅하다) #relaxed (느긋한) #take a step (걸음을 내딛다)

Example Sentences

- Let's take a walk. = 산책하자.
- I am taking a walk with my wife. = 아내랑 산책 중이야.
- Do you want to take a walk? = 산책할래?
- I took a walk after dinner. = 저녁 먹고 산책했어.
- Let's go for a walk. = 산책하러 가자.

give up on something
~을 포기하다

Mayu Says

단순히 give up something이라고 쓰면 뭔가의 소유권을 포기한다는 말이지만, 뭔가에 대한 희망을 버리듯 포기한다고 할 때는 이렇게 on을 추가합니다.

Related Words

#surrender (항복하다) #hopeless (희망이 없는) #lost (길을 잃은)

Example Sentences

- Don't give up on me. = 저를 포기하지 마세요.
- My parents gave up on me. = 우리 부모님은 나를 포기했어.
- Her teacher gave up on her. = 그녀의 선생님은 그녀를 포기했어.
- He gave up on math. = 걔는 수학을 포기했어.
- Are you giving up on me? = 저를 포기하시는 거예요?

in one's 20s
20대인, 20대 때

Mayu Says

이 표현 전체를 형용사나 부사처럼 사용하면 됩니다.
20s(20대)를 30s, 40s 등으로 응용해보세요.

Related Words

#age (나이) #range (범위) #old days (옛 시절)

Example Sentences

- He is in his 40s. = 그는 40대야.
- My aunt is in her 50s. = 우리 고모는 50대야.
- They are in their 80s. = 그들은 80대야.
- I was a popular girl in my 20s. = 난 20대 때 인기 있는 여자애였어.
- A lady in her 30s was here to see you. = 30대 여성분이 당신을
  보러 왔었어요.

take a nap
낮잠을 자다

Mayu Says

꼭 낮에 자는 게 아니라 해도 잠깐 자는 잠은 nap이라고 합니다.
얼마나 오래 짔는지는 nap 앞에 넣어주면 됩니다. 예) a 10-minute nap

Related Words

#tired (피곤한) #sleepy (졸린) #fatigue (피로)

Example Sentences

- I am going to take a nap. = 나 낮잠 잘 거야.
- I took a nap for 30 minutes. = 나 30분간 낮잠 잤어.
- I took a 30-minute nap. = 나 30분간 낮잠 잤어.
- Let me take a quick nap. = 잠깐 낮잠 좀 잘게.
- Don't take a nap for too long. = 낮잠을 너무 오래 자지 마.

Week 17

put off something
~을 미루다

Mayu Says

something 자리에 대명사가 들어가는 경우엔 put과 off 사이에 넣어주세요.
시간이나 기간을 앞당긴다고 할 때는 put off 대신 bring forward를 씁니다.

Related Words

#appointment (공적 만남의 약속) #meeting (회의) #change of plans (계획의 수정)

Example Sentences

- We put off the meeting. = 우린 그 미팅을 미뤘어.
- We will have to put it off. = 우리 그거 미뤄야 할 거야.
- The video conference has been put off. = 그 화상회의는 연기됐어.
- I had no choice but to put it off. = 그걸 미루는 것 외에는 선택지가 없었어.
- Don't put off what you can do today until tomorrow. = 오늘 할 수 있는 걸 내일까지 미루지 마라.

drop out
중퇴하다

Mayu Says

무엇을 중퇴하는지 쓰려면 뒤에 of를 추가해줍니다.
drop-out이라고 쓰면 명사로 '중퇴생/중퇴자'를 의미하게 되니 참고하세요.

Related Words

#graduate (졸업하다) #complete (완료하다) #give up (포기하다)

Example Sentences

- I decided to drop out. = 나 중퇴하기로 결정했어.
- George dropped out of high school. = George는 고등학교를 중퇴했어.
- Wendy dropped out of college. = Wendy는 대학교를 중퇴했어.
- He dropped out of the race. = 그는 그 레이스를 중도 포기했어.
- I am a college drop-out. = 난 대학 중퇴생이야.

cram for something
~을 위해 벼락치기로 공부하다

Mayu Says

cram 자체는 뭔가를 몰아넣는다는 뜻의 동사입니다.
something의 자리에 test, exam 같은 단어를 넣으면 됩니다.

Related Words

#last-minute (막판의) #at the last minute (막판에) #in a hurry (서
둘러)

Example Sentences

- I always cram for my exams. = 난 항상 내 시험을 위해 벼락치기로 공부해.
- I have to cram for my math exam. = 나 내 수학 시험을 위해 벼락치기로 공부해야 해.
- You should stop cramming for your tests. = 너 네 시험을 위해 벼락치기로 공부하는 거 그만해야 해.
- Are you cramming for your exam again? = 너 또 네 시험을 위해 벼락치기로 공부하고 있는 거야?
- We are cramming for our finals. = 우리 기말고사를 위해 벼락치기로 공부하고 있어.

give someone a heads-up
~에게 미리 알려주다

Mayu Says

heads-up 자체에 '미리 알림'이란 뜻이 있는데, 상대방에게 도움이 되거나 실수를 미연에 방지할 수 있도록 미리 귀띔을 해주는 것입니다.

Related Words

#inform (알려주다) #in advance (미리) #prevent (예방하다)

Example Sentences

- I am just giving you a heads-up. = 그냥 미리 알려드리는 거예요.
- He gave me a heads-up. = 걔가 미리 알려줬어.
- I gave them a heads-up about the problem. = 전 그들에게 그 문제에 대해 미리 알려줬어요.
- Just to give you a heads-up, Mayu hates carrots. = 미리 알려주는 건데, 마유는 당근을 싫어해.
- Thanks for (giving me) the heads-up. = 미리 알려줘서 고마워.

look up to someone
~를 우러러보다

Mayu Says

누군가를 위로 쳐다본다(look up)는 것은 존경심을 가지고 우러러본다는 말입니다. 반대로 업신여긴다고 할 때는 look down on someone을 씁니다.

Related Words

#respect (존경) #idol (우상) #hero (영웅)

Example Sentences

- Children look up to their teachers. = 아이들은 선생님들을 우러러 봅니다.
- We look up to you. = 저희는 당신을 우러러봐요.
- Everyone needs someone to look up to. = 모두가 우러러볼 누군가를 필요로 합니다.
- Your son looks up to you. = 당신의 아들은 당신을 우러러봐요.
- I want to make people look up to me. = 난 사람들이 날 우러러보게 만들고 싶어.

get cold feet
겁을 먹다

Mayu Says

이 표현에는 '갑자기'라는 뉘앙스가 스며 있습니다. 하려고 했던 일을 안 할 정도로 갑자기 주눅이 든다는 느낌입니다.

Related Words

#anxious (불안해하는) #fear (공포) #coward (겁쟁이)

Example Sentences

- He got cold feet again. = 그는 또 겁을 먹었어.
- Johnny got cold feet at the last minute. = Johnny는 막판에 겁을 먹었어.
- I got cold feet when I saw the interviewer. = 난 면접관을 봤을 때 겁을 먹었어.
- Dana got cold feet right before her wedding. = Dana는 결혼식 바로 전에 겁을 먹었어.
- You are not going to get cold feet now, are you? = 너 이제 와서 겁먹는 거 아니지, 응?

run away
도망치다

Mayu Says

무엇으로부터 도망치는지 쓰려면 뒤에 from을 추가합니다.
사람뿐만 아니라 상황으로부터 도망친다고 할 때도 씁니다.

Related Words

#escape (탈출하다) #free (해방시키다) #walk away (벗어나다)

Example Sentences

- Run away! = 도망쳐!
- The suspect ran away. = 그 용의자가 도망쳤어.
- I want to run away from him. = 난 걔한테서 도망치고 싶어.
- He can't run away from me. = 걔는 나한테서 도망칠 수 없어.
- You can't just run away from the situation. = 그 상황에서 그냥
  도망치면 안 되는 거야.

Week 18

DAY 120

ask for something
~을 요청하다, ~을 부탁하다

Mayu Says
'요청하다'로 해석하더라도 강요의 느낌은 주지 않습니다.
누구에게 요청이나 부탁을 하는지 말하려면 ask someone for
something의 형식으로 쓰세요.

Related Words
#request (요청하다) #favor (호의) #cooperation (협조)

Example Sentences
- They asked for help. = 걔네가 도움을 요청했어.
- The poor man asked for food. = 그 불쌍한 남자가 음식을 부탁했어.
- Ask him for his phone number. = 그에게 전화번호를 달라고 해봐.
- I asked the waiter for more water. = 난 그 웨이터에게 더 많은 물
  을 부탁했어.
- I was too shy to ask for her email address. = 그녀의 이메일 주소
  를 부탁하기엔 난 너무 수줍었어.

put down something
~을 내려놓다

Mayu Says

something이 대명사일 경우엔 put과 down 사이에 넣습니다.
반대로 들어 올린다고 할 땐 put up 혹은 lift를 쓰세요.

Related Words

#movers (이삿짐센터) #leave (냅두다) #hide (숨기다)

Example Sentences

- Put down your weapon! = 무기를 내려놓으세요!
- I put down the box next to the bed. = 상자를 침대 옆에 내려놨어요.
- You can put it down now. = 이제 그거 내려놔도 돼.
- He slowly put down the cup. = 그는 천천히 그 컵을 내려놨어.
- Put them down over there. = 그것들을 저기에 내려놔 주세요.

put up something
~을 올리다

Mayu Says

물건을 올려놓는다는 뜻도 되지만 글, 사진, 영상 등의 자료를 게시한다는 말로 자주 씁니다.
어디에 올리는지 쓰려면 뒤에 on을 추가합니다.

Related Words

#upload (업로드하다) #post (포스팅하다) #update (업데이트하다)

Example Sentences

- I put up some photos. = 사진을 좀 올렸어.
- Put it up on your blog. = 네 블로그에 그걸 올려.
- I will put up some videos on my channel. = 내 채널에 영상을 좀 올릴 거야.
- When did you put it up? = 너 그거 언제 올렸어?
- Don't put up my pictures on your website. = 제 사진을 당신 웹사이트에 올리지 마세요.

take down something
~을 내리다

Mayu Says

올렸던 글, 사진, 영상 등의 자료를 도로 내린다는 말입니다
어디에서 내리는지 표현하려면 뒤에 from을 추가하세요.

Related Words

#download (다운로드하다) #delete (삭제하다) #remove (제거하다)

Example Sentences

- Please take down my pictures. = 내 사진들 좀 내려줘.
- Take it down! = 그거 내려!
- I already took down your photos. = 네 사진들 벌써 내렸어.
- Take down the video from your website. = 당신의 웹사이트에서 그 영상을 내리세요.
- I took down your article from my blog. = 제 블로그에서 당신의 기사를 내렸어요.

pay for something
~의 값을 지불하다

Mayu Says

something의 자리에 구매한 물건이나 이용한 서비스를 넣습니다.
다만 bill(청구서)류 앞에는 for를 넣지 않습니다. 예) pay the bill

Related Words

#payment (지불금) #fee (수수료) #purchase (구매하다)

Example Sentences

- Did you pay for this? = 이거 계산하셨어요?
- I already paid for the item. = 그 상품값은 이미 지불했는데요.
- She forgot to pay for the skirt. = 걔는 그 치마값 지불하는 걸 잊었어.
- I will pay for it. = 그거 내가 돈 낼게.
- I have to pay the bill. = 나 (수도, 전기 등의) 요금 내야 해.

speak up
당당히 말하다

Mayu Says

단순히 목소리를 크게 내어 말한다는 뜻도 됩니다.
· 스스로 혹은 남을 위해서라는 느낌을 확실히 강조하고 싶을 땐 뒤에 for 를 추가하세요.

Related Words

#loudly (큰 소리로) #courage (용기) #justice (정의)

Example Sentences

· Could you speak up? = 더 크게 말씀해주실 수 있을까요?
· I can't hear you. Speak up. = 안 들려. 크게 말해.
· You should learn to speak up. = 당당히 말하는 법을 배워야 해.
· Speak up for yourself! = 스스로를 위해 당당히 말해!
· She spoke up for herself. = 그녀는 자신을 위해 당당히 말했어.

get some rest
좀 쉬다

Mayu Says

take a rest는 잘못된 표현이니 이제부터는 쓰지 마세요. take는 break 와 잘 어울립니다. 예) take a break(휴식시간을 가지다)

Related Words

#relax (쉬다) #lie down (드러눕다) #relieve (완화하다)

Example Sentences

- Go and get some rest. = 가서 좀 쉬어.
- You need to get some rest. = 너 좀 쉬어야겠다.
- It's time to get some rest. = 좀 쉴 시간이야.
- So, did you get some rest? = 그래서, 좀 쉬었어?
- My doctor told me to get some rest. = 의사가 좀 쉬라고 말했어.

Week 19

stay away from something
~에서 떨어져 있다

Mayu Says

떨어져 있다는 말은 뭔가를 멀리한다는 말로 의역할 수 있습니다.
stay 대신 keep을 쓰기도 합니다.

Related Words

#warning (경고) #refrain (삼가다) #prevent (예방하다)

Example Sentences

- Stay away from the dog. = 그 개한테서 떨어져 있어.
- Stay away from strangers. = 낯선 사람에게서 떨어져 있어.
- You should stay away from bad things. = 나쁜 것들을 멀리해야 해.
- I am trying to stay away from alcohol. = 난 술을 멀리하려고 노력 중이야.
- I want you to stay away from my daughter. = 내 딸에게서 떨어져 있게.

apply for something
~에 지원하다, ~을 신청하다

Mayu Says

sign up for something(~을 신청하다)과는 달리(DAY 82 참조), 심사가 필요한 신청입니다. 신청했는데 거절당할 수도 있다는 말입니다.

Related Words

#sign up (신청하다) #reject (거절하다) #accept (받아들이다)

Example Sentences

- I applied for the job. = 나 그 일에 지원했어.
- She applied for the school. = 걔는 그 학교에 지원했어.
- You are not eligible to apply for our membership. = 귀하는 저희 멤버십을 신청할 자격이 안 됩니다.
- How can I apply for this job? = 이 일에 어떻게 지원하죠?
- They applied for a loan. = 그들은 대출을 신청했어.

be curious about something
~이 궁금하다

Mayu Says

뭔가에 대한 호기심이 있는 '상태'를 강조하는 표현입니다.
I wonder if(~인지 궁금하네)라는 패턴도 알아두세요.
예) I wonder if he likes me.

Related Words

#wonder (궁금해하다) #curiosity (호기심) #inquire (문의하다)

Example Sentences

- Are you curious? = 궁금하신가요?
- I am not so curious. = 별로 궁금하지 않아.
- I am curious about his theory. = 난 그의 이론이 궁금해.
- He is curious about your story. = 걔는 네 이야기를 궁금해해.
- Aren't you curious about me? = 나에 대해 궁금하지 않니?

around the clock
24시간 내내

Mayu Says
끊임없음을 강조하는 표현으로, 풀어서 말하면 all day and all night입니다.
비슷하게는 24/7(하루 24시간 7일 내내)이 있습니다.

Related Words
#constantly (끊임없이) #consistently (일관적으로) #emergency (비상상황)

Example Sentences
- They are working around the clock. = 그들은 24시간 내내 일하고 있어.
- We have a team working around the clock. = 저희는 24시간 내내 작업 중인 팀이 있습니다.
- We are monitoring the situation around the clock. = 저희는 그 상황을 24시간 내내 주시 중입니다.
- We monitor our patients around the clock. = 저희는 24시간 내내 저희 환자들을 주시합니다.
- The company worked around the clock to fix it. = 그 회사는 그걸 고치려고 24시간 내내 작업했다.

pull oneself together
정신을 가다듬다, 정신을 차리다

Mayu Says

냉정함을 유지해 흩어진 집중력을 다시 모은다는 말입니다.
비슷하게는 get one's act together가 있습니다.

Related Words

#focus (집중하다) #calm down (침착하다) #meditate (명상하다)

Example Sentences

- Pull yourself together, man! = 야, 정신 차려!
- I need to pull myself together. = 나 정신 좀 가다듬어야겠어.
- Stop crying and pull yourself together. = 그만 울고 정신 좀 추스르게.
- Sally tried to pull herself together. = Sally는 정신을 가다듬으려고 노력했어.
- I hope he pulls himself together soon. = 걔가 금방 정신을 차리면 좋겠네.

put something up for sale
~을 팔려고 내놓다

Mayu Says

put up은 그 자체로 '게시하다, 올리다'란 뜻의 덩어리 동사입니다.
put something on the market(~을 시장에 내놓다)도 같이 알아두세요.

Related Words

#auction (경매) #on sale (할인 중인) #clearance (정리)

Example Sentences

- I put it up for sale. = 나 그거 팔려고 내놨어.
- Are you really going to put it up for sale? = 너 그거 진짜로 팔려고 내놓을 거야?
- I was reluctant to put it up for sale. = 나 그거 마지못해 팔려고 내놓은 거야.
- The rich woman put her boat up for sale. = 그 부유한 여자는 자기 보트를 팔려고 내놨어.
- Annie put her house on the market. = Annie는 자기 집을 시장에 내놨어.

be packed with something
~으로 꽉 차 있다

Mayu Says

가방 등이 물건으로 꽉 차 있거나 어떤 장소가 사람으로 엄청 붐빈다는 의미로 씁니다.
pack은 동사로 뭔가를 꽉 채워 '넣다, 싸다, 포장하다'란 의미입니다.

Related Words

#full (가득 찬) #crowded (붐비는) #popular (인기 있는)

Example Sentences

- This place is packed! = 여기 엄청 붐비네!
- The concert hall was packed with people! = 그 콘서트홀은 사람들로 꽉 찼어!
- The room is packed with her clothes. = 그 방은 그녀의 옷으로 꽉 차 있어.
- This book is packed with great expressions. = 이 책은 좋은 표현들로 꽉 차 있어.
- The hotel was packed with her fans. = 그 호텔은 그녀의 팬들로 엄청 붐볐어.

Week 20

back out

발을 빼다

Mayu Says

함께 하기로 했던 일에서 갑자기 빠진다는 말입니다.
어디에서 발을 빼는지 쓰려면 뒤에 of를 추가하세요.
비슷하게는 flake out이 있습니다.

Related Words

#turn down (좌절시키다) #betrayal (배신) #cancel (취소하다)

Example Sentences

- She backed out at the last minute. = 걔는 막판에 빠졌어.
- You can't back out now! = 이제 와서 빠지면 안 되지!
- They backed out of the deal. = 그들은 그 거래에서 빠졌어.
- I hope they don't back out. = 걔네가 빠지지 않으면 좋겠어.
- His team decided to back out. = 그의 팀은 빠지기로 했어.

make a copy
복사하다

Mayu Says

copy를 동사로 사용해서 copy something의 형태로 쓰면 '복사하다가
아니라 '남의 것을 베끼다/모방하다'의 느낌이 되어버립니다.
무엇을 복사하는지 쓰려면 of를 추가하세요.

Related Words

#copy (복사본) #original (원본) #copy machine (복사기)

Example Sentences

- I have to make a copy. = 나 복사해야 해.
- I made three copies. = 전 세 부를 복사했어요.
- Did you make a copy of this? = 너 이거 복사했어?
- Can you make a copy of this document? = 이 서류 좀 복사해줄
  수 있겠나?
- Let me make a copy of your passport. = 손님 여권 좀 복사할게요.

get a promotion
승진하다

Mayu Says

promotion은 '판촉', '홍보' 외에 '승진'이라는 명사도 됩니다.
비슷하게는 get promoted가 있습니다.

Related Words

#raise (봉급 인상) #move up (승진하다) #fire (해고하다)

Example Sentences

- I got a promotion! = 나 승진했어!
- My husband finally got a promotion! = 내 남편 드디어 승진했어!
- Oliver didn't get a promotion. = Oliver는 승진을 못 했어.
- You will get a promotion soon. = 자네는 곧 승진할 걸세.
- I am dying to get a promotion. = 승진하고 싶어 죽겠어.

get a raise
봉급 인상을 받다

Mayu Says

raise 자체가 '봉급 인상'이란 뜻의 명사입니다.
고용인의 입장에서 봉급 인상을 해준다고 할 땐 give someone a raise
를 쓰세요.

Related Words

#performance (실적) #evaluation (평가) #advancement (승진)

Example Sentences

- I got a raise, honey! = 자기야, 나 봉급 인상 받았어!
- I can't believe she got a raise. = 그녀가 봉급 인상을 받았다니 믿
  을 수가 없네.
- My boss gave me a raise. = 우리 상사가 나한테 봉급 인상을 해
  줬어.
- She deserves a raise. = 그녀는 봉급 인상을 받을 만해.
- I definitely need a raise. = 난 확실히 봉급 인상이 필요해.

set up a meeting
회의를 잡다

Mayu Says

set up은 '조율하다, 준비하다'라는 뜻의 동사로, 비슷하게는 arrange가 있습니다.
회의가 있다고 하려면 have a meeting을 쓰세요.

Related Words

#conference (회의) #prepare (준비하다) #schedule (일정을 잡다)

Example Sentences

- Let's set up a meeting. = 회의를 잡죠.
- We need to set up a meeting ASAP. = 가능한 한 빨리 회의를 잡아야 합니다.
- Why don't we set up a meeting right now? = 바로 회의를 잡는 게 어때요?
- Ethan set up a meeting for us. = Ethan이 우릴 위해 회의를 잡아줬어.
- They set up a meeting to discuss the problem. = 그들은 그 문제를 논의하려고 회의를 잡았어.

go to work
출근하다

Mayu Says

work 앞에 관사를 넣지 않습니다. 주의하세요!
출근한 사람의 입장에서 말할 땐 come to work나 come in을 씁니다.

Related Words

#workplace (일터) #office (사무실) #commute (통근하다)

Example Sentences

- I go to work on Wednesdays. = 난 수요일마다 출근해.
- Brandon goes to work every day. = Brandon은 매일 출근해.
- Are you going to work tomorrow? = 너 내일 출근해?
- I don't want to go to work. = 나 출근하기 싫어.
- Harry didn't come in today. = Harry는 오늘 출근하지 않았습니다.

get off work
퇴근하다

Mayu Says

마치 버스에서 내리듯(get off) 일을 타고 가다가 내린다고 생각하면 편합니다.
비슷하게는 be done with work(일을 마치다)가 있습니다.

Related Words

#finished (다 마친!) #complete (완료하다) #office (사무실)

Example Sentences

- I got off work at 5. = 나 5시에 퇴근했어.
- I am getting off work at 7 tomorrow. = 나 내일 7시에 퇴근해.
- What time did you get off work? = 너 몇 시에 퇴근했어?
- I can't get off work until 6. = 나 6시까지 퇴근 못 해.
- She got off work early. = 걔는 일찍 퇴근했어.

Week 21

take a day off
하루를 빼다

Mayu Says

월차 등을 낸다고 할 때 사용하는 표현이며 a day 대신 기간을 바꾸어 넣어 응용할 수 있습니다.
어디에서 빼는지 언급하고 싶다면 뒤에 from을 추가합니다.
예) from work, from school

Related Words

#break (휴식) #absence (결근) #vacation (휴가)

Example Sentences

- I took a day off. = 나 하루 뺐어.
- I took two weeks off. = 나 2주 뺐어.
- Can I take a few days off? = 며칠 빼도 되나요?
- She took a day off from work. = 그녀는 일을 하루 뺐어.
- He took a semester off from school. = 걔는 학교를 한 학기 뺐어.
  = 걔는 학교를 한 학기 휴학했어.

take a look
살펴보다

Mayu Says

단순히 쳐다보는 look과는 달리 관심을 가지고 살펴본다는 느낌입니다.
무엇을 살펴보는지 쓰려면 뒤에 at을 추가해주세요.
take 대신 have를 써도 좋습니다.

Related Words

#investigate (조사하다) #study (살피다) #focus (집중하다)

Example Sentences

- Take a look! = 살펴봐!
- Take a look at this diagram. = 이 도표를 살펴보세요.
- Let's take a look at the photo. = 그 사진들을 살펴봅시다.
- Did you take a look at my essay? = 제 에세이를 살펴보셨나요?
- I was too lazy to take a look. = 살펴보기엔 너무 귀찮았어.

go on a business trip
출장 가다

Mayu Says

business trip 자체는 목적지가 아니므로 to가 아닌 on을 쓰는 게 맞습니다.
이미 출장 중인 상태를 강조하려면 go 대신 be동사를 씁니다.

Related Words

#business (사업) #transfer (전근 가다) #overseas (해외로)

Example Sentences

- I am going on a business trip tomorrow. = 나 내일 출장 가.
- She went on a business trip. = 그녀는 출장을 갔어.
- My boss is on a business trip. = 저희 상사는 출장 중입니다.
- Are you still on a business trip? = 너 아직도 출장 중이니?
- They are going on a business trip to London. = 그들은 런던으로 출장을 가요.

in the middle of something

~도중에, ~도중인

Mayu Says

물리적으로 '중간에'라는 뜻도 되지만 어떤 행사의 '도중에'라는 뜻도 됩니다.

비슷하게는 halfway through something(~도중에)이 있습니다.

Related Words

#halfway (중간에) #progress (진행) #beginning (초반)

Example Sentences

- She got out in the middle of the meeting. = 그녀는 그 회의 도중에 나갔어.
- We are in the middle of a meeting. = 저희는 회의 중입니다.
- I am in the middle of something. = 나 뭐 하고 있는 중이야.
- Something happened in the middle of the seminar. = 그 세미나 도중에 뭔가 벌어졌어.
- I woke up in the middle of the night. = 난 한밤중에 깼어.

meet with someone
~와 만나다

Mayu Says

단순히 meet을 쓰면 처음 만나거나 우연히 만난다는 의미가 강하지만, with를 수가하면 특징한 목적을 가지고 만난다는 느낌이 들어갑니다.

Related Words

#purpose (목적) #discuss (논의하다) #meeting (회의)

Example Sentences

- I met with my clients. = 난 내 의뢰인들과 만났어.
- I met with them to discuss the matter. = 난 그들과 그 문제를 논의하려고 만났어.
- She met with the CEO. = 그녀는 그 대표와 만났어.
- We should meet with the buyer. = 우린 그 구매자와 만나야겠어요.
- Why did you meet with your boss? = 당신 상사와 왜 만난 거죠?

be late for something

~에 늦다

Mayu Says

for 대신 to를 쓰기도 합니다.

얼마나 늦는지 쓰려면 late 바로 앞에 추가하면 됩니다. 예) 30 minutes late

Related Words

#tardiness (지각) #oversleep (늦잠 자다) #early (이른)

Example Sentences

- I was late for work yesterday. = 나 어제 일에 늦었어.
- You are late for work! = 너 일에 늦었잖아!
- She will be late for the seminar. = 걔는 그 세미나에 늦을 거야.
- I can't be late for school. = 나 학교에 늦으면 안 돼.
- You are already 2 hours late for work. = 너 벌써 일에 2시간 늦은 거야.

be 30 minutes late
30분 늦은

Mayu Says

30 minutes를 바꾸어가며 얼마나 늦었는지 표현해보고, late을 early로
바꾸어 얼마나 이르게 왔는지도 표현해보세요.

Related Words

#laziness (게으름) #on time (제시간에) #prompt (지체 없는)

Example Sentences

- You are 10 minutes late. = 너 10분 늦었네.
- She is already 2 hours late. = 걔는 이미 2시간 늦었어.
- I was only 2 minutes late. = 나 겨우 2분 늦었어.
- I will be 30 minutes early. = 나 30분 일찍 도착할 거야.
- They will be 6 hours early. = 걔네는 6시간 일찍 도착할 거야.

Week 22

on time
제시간에

Mayu Says

약속된 시간에 거의 맞춘다는 의미입니다.
비슷한 의미의 in time은 보통 뒤에 어떤 일에 맞추는지가 나옵니다.
예) in time for the meeting

Related Words

#prompt (지체 없는) #promise (약속) #diligent (성실한)

Example Sentences

- I got there on time. = 나 거기에 제시간에 도착했어.
- Be here on time. = 여기 제시간에 도착해.
- We can finish the project on time. = 저희는 그 프로젝트를 제때 마칠 수 있습니다.
- I barely made it on time. = 난 겨우 제시간에 도착했어.
- She submitted the application on time. = 걔는 제때에 그 신청서를 제출했어.

be stuck in traffic

교통 체증에 묶여 있다

Mayu Says

stuck은 오도 가도 못하는 상태를 나타내는 형용사입니다.
교통 체증은 원래 traffic jam이지만 일상적인 대화에서는 교통(traffic)
에 묶여 있다고 더 간단히 표현합니다.

Related Words

#heavy traffic (극심한 교통 체증) #helpless (속수무책인) #carsick
(차멀미하는)

Example Sentences

- We are stuck in traffic. = 저희 교통 체증에 묶여 있어요.
- I have been stuck in traffic for hours. = 난 수 시간 교통 체증에 묶여 있어.
- Are you still stuck in traffic? = 자네 아직 교통 체증에 묶여 있나?
- I hate when I am stuck in traffic. = 교통 체증에 묶이는 거 너무 싫어.
- You don't want to be stuck in traffic. = 교통 체증에 묶이는 걸 원하지는 않을 거야.

grab a drink
한잔하다

Mayu Says

drink는 alcoholic이란 단어 없이도 문맥에 따라 종종 술로 해석됩니다.
grab 대신 have를 써도 좋습니다.

Related Words

#alcohol (술) #leisure (여가) #after work (퇴근 후에)

Example Sentences

- Let's go and grab a drink. = 가서 한잔하자.
- Do you want to grab a drink? = 한잔할래?
- Why don't we grab a drink after work? = 퇴근하고 한잔 어때?
- Who wants to grab a drink? = 한잔하고 싶은 사람?
- I had a drink. = 나 한잔했어.

have a hangover
숙취가 있다

Mayu Says

숙취가 심하다면 hangover 앞에 bad, terrible, the worst 등을 넣어줍니다.

hungover(숙취가 있는)를 형용사로 써서 표현할 수도 있습니다(마지막 예문 참고).

Related Words

#drunk (취한) #sober (술이 깬) #headache (두통)

Example Sentences

- I have a hangover. = 나 숙취 있어.
- Do you still have a hangover? = 너 아직 숙취 있니?
- Amy had a bad hangover. = Amy는 숙취가 심했어.
- I had the worst hangover ever. = 나 살면서 최악의 숙취를 겪었어.
- I am still hungover. = 나 아직 숙취 있어.

kill time
시간을 때우다

Mayu Says

문자 그대로 '시간을 죽이다'로 이해해도 좋습니다.
무엇을 하며 시간을 때우는지 말하려면 뒤에 ~ing를 추가하세요.

Related Words

#bored (지루한) #lazy (게으른) #inefficient (비효율적인)

Example Sentences

- I am just killing time. = 그냥 시간 때우고 있어.
- They killed time watching a movie. = 걔네는 영화를 보며 시간을 때웠어.
- I am killing time playing a video game. = 나 비디오 게임하면서 시간 때우는 중이야.
- We killed time watching people walk by. = 우린 사람들 지나가는 거 보며 시간을 때웠어.
- That's a good way to kill time. = 그거 시간 때우기에 좋은 방법이네.

make time
시간을 내다

DAY 153

Mayu Says

누구를 위해 시간을 내주는지 쓰려면 뒤에 for를 추가합니다.
시간이 있다고 할 땐 have time이라는 동사나 available, free 같은 형용사를 쓰세요.

Related Words

#available (시간이 되는) #appointment (예약) #have a minute (잠깐 시간이 되다)

Example Sentences

- Can you make time? = 시간 낼 수 있어?
- Could you make time for us? = 저희를 위해 시간 내주실 수 있나요?
- For you, I can make time. = 당신을 위해서라면 시간을 낼 수 있죠.
- I can't make time this week. = 이번 주에는 시간을 못 내요.
- The CEO made time for us. = 대표님이 우릴 위해 시간을 내주셨어.

have experience with something
~에 대한 경험이 있다

Mayu Says

일반적으로 어떤 물건이나 개념에 대한 경험이 있을 때는 with를 쓰고, 어떤 분야에 경험이 있을 때는 in을 씁니다. 경험이 있다는 말은 겪어본 적이 있다거나 사용해본 적이 있다는 말이 되겠죠.

Related Words

#skilled (숙련된) #experienced (능숙한) #veteran (전문가)

Example Sentences

- I have experience with this software. = 이 소프트웨어를 사용해 본 적이 있어요.
- I have no experience with computers. = 컴퓨터를 사용해본 적이 없어요.
- We have a lot of experience in the field. = 저희는 그 분야에 많은 경험이 있습니다.
- She has no experience in web design. = 그녀는 웹 디자인에 경험 이 없어.
- Do you have experience with this app? = 이 앱을 사용해본 적이 있나요?

Week 23

fill in for someone
~의 일을 대신 봐주다

Mayu Says

직장 동료가 결근 등을 했을 때 일을 대신 봐준다는 것을 fill in(채워 넣다)
으로 표현한 것입니다.

fill in은 뭔가를 채워 넣어 작성한다는 뜻도 됩니다.

예) fill in the blanks(빈칸을 채우다)

Related Words

#co-worker (직장 동료) #colleague (동료) #favor (호의)

Example Sentences

- Can you fill in for me? = 내 일을 대신 봐줄 수 있어?
- I guess I can fill in for you. = 내가 네 일을 대신 봐줄 수 있을 것
  같네.
- I need someone to fill in for me. = 내 일을 대신 봐줄 사람이 필
  요해.
- Who is going to fill in for you? = 네 일을 누가 대신 봐줄 건데?
- Thanks for filling in for me. = 내 일을 대신 봐줘서 고마워.

go to school
등교하다, 학교에 가다

Mayu Says

이 표현에서 school은 건물 자체를 말하는 게 아니라 '공부의 터전'이라는 추상적인 단어이므로 관사를 사용하지 않습니다.

Related Words

#absent (결석한) #commute (통학하다) #graduate (졸업하다)

Example Sentences

- I have to go to school now. = 나 이제 학교 가야 해.
- I don't want to go to school. = 나 학교 가기 싫어.
- I go to school on Mondays and Wednesdays. = 나 매주 월요일이랑 수요일에 학교 가.
- He didn't go to school yesterday. = 걔 어제 학교 안 갔어.
- Why didn't you go to school? = 너 왜 학교 안 갔어?

get an A
A를 받다

Mayu Says

A, B, C 같은 letter grade는 셀 수 있는 명사로 취급합니다.
grade를 시험에서 받았다면 뒤에 on과 함께, 수업에서 받았다면 뒤에 in
과 함께 씁니다.

Related Words

#flunk (낙제하다) #ace (시험 등을 잘 보다) #bomb (시험 등을 망치
다)

Example Sentences

- I got a B. = 나 B 받았어.
- I got an A on the test. = 나 그 시험에서 A 받았어.
- My sister got a C on the exam. = 우리 누나 그 시험에서 C 받았어.
- I got a B in the math class. = 나 그 수학 수업에서 B 받았어.
- What did you get on the test? = 너 그 시험에서 뭐 받았어?

take something

~을 듣다

Mayu Says

수업 등을 수강한다고 할 때 수업을 '듣다'를 직역해서 listen이라고 하면
안 됩니다!
수강 신청을 한다고 할 때는 register for a class란 표현을 쓰세요.

Related Words

#class (수업) #course (수업 과정) #drop (수강을 중도 포기하다)

Example Sentences

- I took a geography class. = 나 지리학 수업 들었어.
- I am taking an English class next semester. = 나 다음 학기에 영
  어 수업 들어.
- I have to take a math class. = 나 수학 수업 들어야 해.
- Don't take that class. = 그 수업 듣지 마.
- Which classes are you taking? = 너 어느 수업들 들어?

hand in something
~을 제출하다

Mayu Says

hand in은 직접 만나 손으로 제출하는 것을 말합니다.
반면, submit(제출하다)은 일반적으로 이메일이나 우편으로 보내는 것을
뜻합니다.
something이 대명사라면 hand와 in 사이에 넣어주세요.

Related Words

#turn in (제출하다) #paper (리포트) #assignment (과제)

Example Sentences

- Hand in your homework by tomorrow. = 내일까지 숙제 제출하세요.
- I already handed it in. = 저 그거 벌써 제출했어요.
- I forgot to hand in my essay. = 나 에세이 제출하는 거 잊었어.
- When did you hand in your paper? = 자네 리포트 언제 제출했나?
- I have to hand it in by 5. = 나 그거 5시까지 제출해야 해.

work on something
~을 하다

Mayu Says

사실 직역해서 '~에 대해 작업하다'라고 알아두는 게 더 좋습니다. 음식에 대해 작업한다고 하면 먹는다는 말이 될 수도 있고, 몸에 대해 작업한다고 하면 몸매를 가꾼다는 말이 될 수도 있습니다.

Related Words

#effort (노력) #materialize (실현시키다) #progress (진행)

Example Sentences

- I am working on the project. = 나 그 프로젝트 작업 중이야.
- Are you still working on it? = 그거 아직 작업 중인가요? = 아직 드시고 있는 건가요?
- I am still working on my essay. = 저 아직 제 에세이 작업 중이에요.
- She is working on her diet. = 걔는 다이어트 작업 중이야. = 걔는 다이어트 하고 있어.
- Let's start working on it. = 그것에 대해 작업 시작하자.

leave a message
메시지를 남기다

Mayu Says

누구를 향한 메시지인지는 뒤에 for를 추가해서 표현하고, 누구를 통해 남긴 메시지인지는 뒤에 with를 추가해서 표현합니다.

Related Words

#answering machine (자동 응답기) #secretary (비서) #urgent (긴급한)

Example Sentences

- Can I leave a message? = 메시지 남겨도 돼요?
- Would you like to leave a message? = 메시지 남기고 싶으신가요?
- Someone left a message for you. = 누가 당신에게 메시지를 남겼어요.
- John left a message for you guys. = John이 너희들에게 메시지를 남겼어.
- Leave a message with my secretary. = 제 비서를 통해 메시지 남기세요.

Week 24

call in sick
전화로 병결을 알리다

Mayu Says

몸이 안 좋아 전화를 걸어 결근을 알린다고 할 때 간단하게 쓸 수 있습니다.

결근한 상태는 absent from work라는 형용사를 씁니다.

Related Words

#sick (아픈) #don't feel well (몸이 안 좋은) #excuse (변명)

Example Sentences

- Why don't you call in sick? = 전화로 아파서 출근 못 한다고 하는 게 어때?
- I had to call in sick today. = 나 오늘 전화로 아파서 출근 못 한다고 했어.
- He called in sick again. = 걔는 또 전화로 아파서 출근 못 한다고 했어.
- I might have to call in sick. = 전화로 아파서 출근 못 한다고 해야 할지도 모르겠어.
- I can't call in sick again. = 나 또 전화로 병결을 알릴 수는 없어.

go over something
~을 검토하다

Mayu Says

일을 검토한다는 의미 외에도 공부한 것을 복습한다는 뜻으로도 씁니다.
something이 대명사라도 여전히 go over 뒤에 쓴다는 점 기억하세요!

Related Words

#review (검토하다) #inspect (점검하다) #confirm (확인하다)

Example Sentences

- Let's go over what we learned. = 배운 걸 복습하자.
- Let's go over this. = 이걸 검토해봅시다.
- Did you go over the dialogue? = 그 대화문을 검토했나요?
- I went over everything he taught me. = 난 그가 내게 가르쳐준 걸 모두 복습했어.
- We went over the details. = 우린 세부 사항들을 검토했어.

DAY 164

turn down something
~을 거절하다

Mayu Says

남의 제안을 거절한다는 의미로 쓰는데 사업 제안 외에 개인적인 제안(청혼) 등에도 씁니다.
something이 대명사라면 turn과 down 사이에 넣어주세요.

Related Words

#reject (거절하다) #accept (받아들이다) #consider (고려하다)

Example Sentences

- She turned down my proposal. = 그녀는 내 청혼을 거절했어.
- He turned down our offer. = 그는 우리의 제안을 거절했습니다.
- Please don't turn it down. = 그걸 거절하지 말아 주세요.
- Did they turn down the opportunity? = 그들이 그 기회를 거절했나요?
- You don't want to turn it down. = 그걸 거절하지 않는 게 좋을 거야.

look forward to something
~을 고대하다

Mayu Says

뭔가 벌어지길 바라며 기다린다는 말입니다.
something 대신 ~ing를 써서 '~하는 것을 고대하다'라고 써도 좋습니다.

Related Words

#hope (바라다) #desperate (간절한) #anticipate (고대하다)

Example Sentences

- I look forward to it. = 전 그것을 고대합니다.
- We look forward to the party. = 저희는 그 파티를 고대합니다.
- I look forward to hearing from you. = 당신에게서 소식 듣기를 고대합니다.
- We look forward to seeing you again. = 당신을 다시 보기를 고대합니다.
- She is looking forward to the event. = 그녀는 그 행사를 고대하고 있어.

make a decision
결정을 내리다

Mayu Says

decide(결정하다)라는 동사도 좋지만, make a decision은 형용사를 추가할 수 있다는 장점이 있습니다. 예) make a good decision

Related Words

#decisive (결단력 있는) #indecisive (우유부단한) #prudent (신중한)

Example Sentences

- Make a decision now. = 지금 결정을 내리세요.
- They have already made a decision. = 그들은 이미 결정을 내렸어.
- You made a good decision. = 좋은 결정 내리신 겁니다.
- We made a poor decision. = 우린 형편없는 결정을 내린 거야.
- It was difficult to make a decision. = 결정을 내리는 건 어려웠어.

mess with someone
~에게 장난치다

Mayu Says

가볍게 장난을 친다는 말도 되고 함부로 까분다는 말도 됩니다.
someone 대신 물건을 쓰면 그것을 함부로 만지거나 조작한다는 뜻
이 됩니다.

Related Words

#kid (농담하다) #play (장난치다) #touch (건드리다)

Example Sentences

- I am just messing with you. = 그냥 장난치는 거야.
- Are you messing with me right now? = 너 지금 장난쳐?
- Don't mess with my sister. = 내 여동생한테 까불지 마.
- Don't mess with the wires. = 그 전선 함부로 만지지 마.
- You don't want to mess with that guy. = 저 남자한테 까불지 않
  는 게 좋을 거야.

screw up something
~을 망치다

Mayu Says

screw up 대신 mess up을 써도 좋습니다.
something 자리에 대명사를 넣으려면 screw와 up 사이에 넣어주세요.

Related Words

#destroy (파괴하다) #break (고장 내다) #restore (복원하다)

Example Sentences

- I screwed up the test. = 그 시험 망쳐버렸어.
- Don't screw it up this time. = 이번엔 망치지 마.
- The plan was screwed up. = 그 계획이 망쳐졌어.
- They screwed up the painting. = 그들은 그 그림을 망쳤어.
- I am sorry for screwing it up. = 그거 망쳐서 미안해.

Week 25

a number of
많은

Mayu Says

a number of 뒤에는 복수명사를 사용합니다.
이를 받아주는 동사도 그에 맞추어 복수동사로 써줘야 합니다.

Related Words

#many (많은) #a lot of (많은) #a few (몇 개의)

Example Sentences

- A number of fans are waiting. = 많은 팬들이 기다리고 있습니다.
- She has a number of students. = 그녀는 많은 학생들이 있어.
- A number of customers complained. = 많은 손님들이 불평을 했어.
- They asked a number of questions. = 그들은 많은 질문을 했어.
- He knows a number of celebrities. = 걔는 많은 유명인들을 알아.

the number of something
~의 수

Mayu Says

많다는 의미의 a number of와 혼동하지 마세요.
something은 복수명사로 쓰되 이 표현 전체는 단수로 취급합니다.

Related Words

#count (세다) #statistics (통계) #measure (재다)

Example Sentences

- The number of people here is 30. = 여기에 있는 사람의 수는 30입니다.
- The number of victims is increasing. = 희생자의 수가 늘어나고 있습니다.
- The number of crimes in New York City has increased. = 뉴욕시의 범죄의 수가 증가했습니다.
- The number of applicants is decreasing. = 신청자들의 수가 줄고 있습니다.
- Limit the number of cigarettes you smoke. = 흡연하는 담배의 수를 제한하세요.

be proud of someone
~가 자랑스럽다

Mayu Says

someone의 자리에 something을 써도 좋습니다. 예) 업적, 직업 등
반대로 부끄러운 일을 했다면 proud를 not so proud로 바꿔주세요.

Related Words

#pride (자부심) #show off (뽐내다) #rewarding (보람 있는)

Example Sentences

- I am proud of you! = 네가 자랑스럽구나!
- We are proud of our girl. = 우리 딸이 자랑스러워요.
- Aren't you proud of your son? = 아들이 자랑스럽지 않나요?
- You must be proud of your achievement. = 당신의 업적이 자랑스
  럽겠군요.
- I am not so proud of it. = 그게 그렇게 자랑스럽진 않네요. = 부끄럽
  네요.

be jealous of someone
~가 질투 나다

Mayu Says

남을 질투하거나 그 사람이 가진 것, 이룬 것을 질투한다고 할 때 사용합니다. 무조건 부정적인 느낌은 아니고 부럽다는 것을 강하게 표현할 때도 자주 씁니다.

Related Words

#jealousy (질투) #envious (부러워하는) #mad (화난)

Example Sentences

- They are just jealous of you. = 걔네는 그냥 널 질투하는 거야.
- Are you jealous of me? = 너 내가 질투 나?
- No, I am not jealous of you! = 아니, 너 질투 안 나거든!
- They are jealous of her wealth. = 걔네는 그녀의 부를 질투해.
- Oh, I am so jealous of you! = 오, 엄청 질투 나요! = 부러워요!

205

do the dishes
설거지를 하다

Mayu Says

dish는 '요리' 외에 '접시'라는 뜻도 가지고 있습니다.
do 대신 wash를 써도 좋습니다.

Related Words

#dishwashing (설거지) #detergent (세제) #sanitize (소독하다)

Example Sentences

- I will do the dishes. = 설거지는 내가 할게.
- My husband never does the dishes. = 내 남편은 절대 설거지를 안 해.
- If you do the dishes, I will take out the trash. = 네가 설거지를 하면 쓰레기는 내가 갖다 버릴게.
- When are you going to do the dishes? = 설거지 언제 할 거야?
- I am washing the dishes. = 나 설거지 중이야.

confuse A with B
A를 B로 혼동하다

Mayu Says

confuse는 혼동을 준다는 뜻도 되지만 혼동한다는 뜻도 됩니다.
비슷하게는 mistake A for B가 있습니다.

Related Words

#confusion (혼동) #complicated (복잡한) #similar (비슷한)

Example Sentences

- I always confuse frustration with disappointment. = 난 항상 좌절과 실망을 혼동해.
- You are confusing studying with learning. = 넌 공부하는 걸 배우는 거랑 혼동하고 있어.
- I confused that word with something else. = 난 그 단어를 다른 거랑 혼동했어.
- He confused me with my sister. = 걔는 나를 우리 언니랑 혼동했어.
- I confused Mayu with his cousin. = 난 마유를 그의 사촌과 혼동했어.

decide on something
~으로 결정하다

Mayu Says

숙고 후에 뭔가로 최종 선택한다는 의미입니다.
문맥에 따라 '~을 결정하다'라는 의미로 쓰이기도 합니다.
예) decide on a venue (장소를 결정하다)

Related Words

#conclusion (결론) #choice (선택) #pick (고르다)

Example Sentences

- We decided on someone else. = 우린 다른 사람으로 결정했어.
- I decided on the blue high heels. = 난 그 파란색 하이힐로 결정했어.
- The bride decided on pink. = 그 신부는 핑크로 결정했어.
- They finally decided on Spain. = 그들은 마침내 스페인으로 결정했어.
- We haven't decided on a venue yet. = 우리 아직 장소를 결정 못했어.

Week 26

DAY 176

take someone's temperature

~의 체온을 재다

Mayu Says

measure도 수치를 잰다는 동사이지만 너무 전문적인 느낌이라 take가 좋습니다.

temperature를 발음할 때 중간 'a'는 거의 발음하지 마세요. *"템펄췰"에 가깝게 발음.

Related Words

#fever (열) #health (건강) #thermometer (체온계)

Example Sentences

- Let me take your temperature. = 환자분 체온 좀 잴게요.
- Did she take your temperature? = 그녀가 네 체온을 쟀니?
- The nurse took my temperature. = 그 간호사가 제 체온을 쟀어요.
- My mom takes my temperature every day. = 우리 엄마는 매일 내 체온을 재.
- Are you going to take my temperature? = 제 체온을 잴 건가요?

fall for something
~에 넘어가다

Mayu Says

남의 거짓말이나 속임수에 넘어간다(속는다)는 말입니다.
반대로 남을 속인다고 할 때는 trick someone이라고 씁니다.

Related Words

#liar (거짓말쟁이) #fraud (사기) #con man (사기꾼)

Example Sentences

- I fell for it again. = 나 그것에 또 넘어갔어.
- Don't fall for it. = 그것에 넘어가지 마.
- She fell for his lies. = 그녀는 그의 거짓말에 넘어갔어.
- How could you fall for it again? = 그것에 어떻게 또 넘어갈 수 있니?
- I totally fell for his tricks. = 난 그의 속임수에 완전히 넘어갔어.

get a run
올이 나가다

Mayu Says

주어는 사람으로 쓰며, 현재 올이 나간 상태를 강조할 땐 get 대신 have got을 쓰면 됩니다. 어디에 올이 나갔는지 쓰려면 뒤에 in을 추가하세요.

Related Words

#annoyed (짜증 난) #pantyhose (스타킹) #tights (타이츠)

Example Sentences

- I have got a run in my pantyhose. = 스타킹에 올이 나갔어.
- I hate when I get a run in my pantyhose. = 스타킹에 올 나갈 때 너무 싫어.
- She has got a run in her tights. = 걔는 타이츠에 올이 나갔어.
- To make matters worse, I got a run in my pantyhose. = 설상가 상으로 스타킹에 올까지 나갔어.
- Here's how to stop a run in your tights. = 여기 타이츠에 올 나가 는 걸 멈추는 법이 있습니다.

like something better
~이 더 마음에 든다

Mayu Says

뭔가 더 마음에 드는 게 있을 때 prefer를 써도 좋지만 좀 형식적입니다.
better 대신 more를 써도 좋은데 more는 보통 사람을 상대로 씁니다.

Related Words

#preference (선호) #love (엄청 마음에 들다) #dislike (싫어하다)

Example Sentences

- I like this one better. = 난 이게 더 마음에 드는데.
- We like the black desk better. = 저희는 저 검은색 책상이 더 마음에 들어요.
- Which one do you like better? = 넌 어느 게 더 마음에 들어?
- My parents like the small one better. = 저희 부모님은 그 작은 걸 더 마음에 들어 하세요.
- Mom likes you more. = 엄마는 널 더 좋아하셔.

keep one's promise
약속을 지키다

Mayu Says

더 캐주얼하게는 keep one's word가 있습니다.
약속을 한다고 할 때는 make a promise라고 합니다.

Related Words

#trust (신뢰) #swear (맹세하다) #betray (배신하다)

Example Sentences

- Keep your promise. = 약속 지켜.
- You never keep your promises. = 넌 절대 약속을 안 지켜.
- I swear. I will keep my promise. = 나 맹세해. 약속 지킬게.
- You'd better keep your promise! = 약속 지키는 게 좋을 거야!
- You made a promise! = 약속했잖아!

be scared of something
~이 무섭다

Mayu Says

something 대신 someone을 써도 좋습니다.
scared보다 무서움을 더욱 강조하려면 afraid 혹은 terrified를 씁니다.

Related Words

#fear (두려움) #scary (무서운) #ghost (귀신)

Example Sentences

- I am scared of you. = 난 네가 무서워.
- She is scared of spiders. = 걔는 거미를 무서워해.
- I am not scared of anything. = 난 아무것도 안 무서워.
- Aren't you scared of anything? = 넌 무서운 게 아무것도 없니?
- What are you scared of? = 넌 뭐가 무섭니?

mind doing something
~을 하는 걸 꺼리다

Mayu Says

상대방에게 뭔가를 해달라고 혹은 하지 말아 달라고 정중히 부탁할 때 유용합니다.
mind를 '꺼리다'라는 동사로 직역해서 이해하는 게 좋습니다.

Related Words

#courteous (예의를 지키는) #ask (부탁하다) #request (요청하다)

Example Sentences

- Do you mind smoking elsewhere? = 다른 데서 흡연하기를 꺼리시나요?
- Do you mind talking outside? = 밖에서 얘기하기를 꺼리시나요?
- Do you mind turning down the volume? = 볼륨을 줄여주기를 꺼리시나요?
- I don't mind sitting with him. = 걔랑 앉는 거 안 꺼려.
- We don't mind waiting. = 기다리는 거 안 꺼려요.

Week 27

help someone out
~를 거들어 주다

Mayu Says

help out은 스스로 해결이 가능한 것을 가볍게 거들어 준다는 느낌입니다.
니다.
혼자 해결이 거의 불가능한 것은 out을 빼는 게 좋습니다. 예) 물에 빠졌을 때
을 때

Related Words

#aid (도움) #assist (보조하다) #favor (호의)

Example Sentences

- Help me out. = 나 좀 거들어 줘.
- Can you help us out? = 우리 좀 거들어 줄 수 있어?
- I will help you out after this. = 이거 끝나고 거들어 줄게.
- I can help you out with that. = 내가 그거 거들어 줄 수 있어.
- I am too busy to help you out. = 널 거들어 주기엔 내가 너무 바빠.

be famous for something
~으로 유명하다

Mayu Says

famous 대신 well-known(잘 알려진)을 써도 의미는 비슷합니다.
famous 대신 infamous(악명 높은)를 쓰면 안 좋은 것으로 유명하다는
뜻이 되는데, 그 정도로 심하게 유명하다는 반어법이 되기도 합니다.

Related Words

#specialty (전문) #popular (인기 있는) #recognition (인정)

Example Sentences

- This restaurant is famous for its pasta. = 이 식당은 파스타로 유명해.
- Korea is famous for its natural beauty. = 한국은 자연미로 유명해.
- His café is famous for many things. = 그의 카페는 여러 가지로 유명해.
- This place is well-known for its history. = 이 장소는 그것의 역사로 잘 알려져 있죠.
- The actor is infamous for his weird personality. = 그 배우는 괴상한 성격으로 악명 높아.

so far

지금까지

Mayu Says

until now와는 달리 지금까지의 진행 상황만을 말하며, 앞으로 상황이 바뀔 거라는 뉘앙스는 없습니다.

Related Words

#progress (진전) #currently (현재로서) #situation (상황)

Example Sentences

- We have finished two chapters so far. = 우리 지금까지 챕터 두 개 끝냈어.
- She has saved $1,000 so far. = 걔는 지금까지 1,000달러를 모았어.
- I have spent $10 so far. = 나 지금까지 10달러 썼어.
- So far, so good. = 지금까지는 아주 좋아요.
- How many pages have you read so far? = 지금까지 몇 페이지 읽었어?

until now

지금까지, 여태껏

Mayu Says

부정문에 사용하며, so far과는 달리 앞으로는 상황이 반대로 바뀔 것이라는 뉘앙스가 있습니다. 예를 들어 "난 지금까지 네가 남친이 있는 줄 몰랐어"란 말은 앞으로는 남친이 있다는 사실을 알 거라는 말이죠.

Related Words

#realize (깨닫다) #twist (반전) #negative (부정적인)

Example Sentences

- Until now, I didn't know you had a boyfriend. = 지금까지, 난 네가 남친이 있는 줄 몰랐어.
- I didn't notice it until now. = 난 그걸 지금까지 눈치채지 못했어.
- She didn't know my name until now. = 걔는 지금까지 내 이름을 몰랐어.
- I thought you were single until now. = 난 지금까지 네가 싱글인 줄 알았어.
- They didn't allow it until now. = 그들은 지금까지 그걸 허용하지 않았어.

help someone with something
~를 ~과 관련해 도와주다

Mayu Says

누군가를 도와준다고 할 때 무엇과 관련해 도와주는지 추가하여 말할 수 있는 표현입니다. 정확히 어떤 식으로 도와주는지는 당사자들만 알 수 있어요.

Related Words

#good deed (선행) #help out (거들다) #assistance (보조)

Example Sentences

- Help me with this chair. = 나 좀 이 의자와 관련해 도와줘.
- Help your grandma with her cell phone. = 할머니 좀 휴대폰과 관련해 도와드리렴.
- I can help you with that. = 그것과 관련해 손님을 도와드릴 수 있습니다.
- Can you help me with this sentence? = 이 문장과 관련해 저 좀 도와주실 수 있어요?
- My son helped me with my computer. = 내 아들이 내 컴퓨터와 관련해 날 도와줬어.

make up one's mind
결심하다

Mayu Says

뭔가를 하기로 선택하고 마음을 먹는다는 말이며 decide(결정하다)와 비슷합니다.

뭘 하기로 선택하고 마음먹은 것인지 말하려면 뒤에 to를 추가하세요.

Related Words

#decision (결정) #determine (판단하다) #debate (고민하다)

Example Sentences

- Make up your mind already! = 어서 결심해!
- I have made up my mind. = 나 결심했어.
- She made up her mind to go there. = 걔는 거기에 가기로 결심했어.
- I haven't made up my mind yet. = 나 아직 결정 못 했어.
- If you make up your mind, let me know. = 결심하면 알려줘.

forget to do something
~을 하는 걸 잊다

Mayu Says

뭔가를 해야 하는 의무나 계획을 잊는다는 뜻입니다.
to do가 아니라 doing의 모양으로 쓰면 그 행동을 했는지 자체가 기억이
안 난다는 말이 됩니다.

Related Words

#mistake (실수) #irresponsible (책임감 없는) #careless (부주의)

Example Sentences

- I forgot to bring my wallet. = 나 지갑 가져오는 거 잊었어.
- Don't forget to brush your teeth. = 이 닦는 거 잊지 마.
- She forgot to change the baby's diaper. = 그녀는 아기 기저귀 가는 걸 잊었어.
- You might forget to lock it. = 너 그거 잠그는 거 잊을지도 몰라.
- I never forget to have breakfast. = 난 아침 먹는 걸 절대 안 잊어.

Week 28

remember doing something
~한 것을 기억하다

Mayu Says

어떤 행동을 한 것 자체가 기억난다고 할 때 사용합니다.
기억이 안 난다면 forget doing something보다 don't remember doing something을 쓰는 걸 추천합니다.

Related Words

#memory (기억) #memories (추억) #recall (기억하다)

Example Sentences

- I remember hanging out with her. = 걔랑 논 게 기억나.
- I don't remember calling him. = 걔한테 전화한 게 기억이 안 나.
- Do you remember calling your boss? = 너희 상사한테 전화한 건 기억하니?
- She doesn't remember lying to me. = 걔는 나한테 거짓말한 걸 기억 못 해.
- I remember seeing him at the party. = 걔를 그 파티에서 본 게 기억나.

be in trouble
문제가 생기다

Mayu Says

이미 곤경에 빠져 있는 상태를 표현하는데, 흔히 '큰일 났다' 같은 말투로
쓰입니다.
큰 문제라면 trouble 앞에 big이나 huge를 넣으세요.

Related Words

#difficulty (곤란) #panic (당황하다) #troubled (문제가 많은)

Example Sentences

- I am in trouble. = 나 큰일 났어.
- My brother is in big trouble. = 우리 형 엄청 큰일 났어.
- Are you in trouble? = 문제 생기셨나요?
- I thought I was in trouble. = 저 큰일 난 줄 알았어요.
- You are not in trouble. = 문제 생기신 거 아닙니다.

have trouble doing something
~하는 데 애먹다

Mayu Says

여기서 trouble은 '곤경'이라는 뜻으로, 관사를 붙이지 않습니다.
명사 때문에 애먹는다고 표현하려면 have trouble with something을
쓰세요.

Related Words

#hard time (어려움) #painful (골치 아픈) #frustrated (좌절한)

Example Sentences

- I am having trouble walking. = 나 걷는 데 애먹고 있어.
- She is having trouble understanding Korean. = 걔는 한국어를 이해하는 데 애먹고 있어.
- We had trouble finding this place. = 저희 여기 찾는 데 애먹었어요.
- Are you having trouble improving your English? = 영어 실력을 향상시키는 데 애먹고 있나요?
- I had trouble with the printer. = 나 그 프린터 때문에 애먹었어.

be familiar with something
~에 익숙한

Mayu Says

뭔가를 써보거나 들어봐서 생소하지 않다는 말입니다.
반대로 생소하다고 할 땐 unfamiliar를 쓰거나 not familiar(더 추천)를
쓰세요.

Related Words

#experience (경험) #recognize (인식하다) #common (흔한)

Example Sentences

- I am familiar with that name. = 나 그 이름 익숙한데.
- Are you familiar with this address? = 이 주소에 익숙한가요?
- I am not familiar with this. = 저 이것에 익숙하지 않아요.
- Brian is familiar with this software. = Brian은 이 소프트웨어에 익숙해.
- We are familiar with that face. = 저희 그 얼굴에 익숙해요.

be used to something
~에 익숙하다

Mayu Says

뭔가에 이미 익숙한 상태를 강조합니다. '익숙해지다'와 같이 동작을 강조하는 뜻으로 쓰려면 be동사 대신 get을 쓰세요. something 대신 doing something을 쓸 수도 있습니다.

Related Words

#fast learner (빨리 배우는 사람) #adjust (적응하다) #familiarity (익숙함)

Example Sentences

- I am used to it. = 나 그것에 익숙해.
- I am not used to the new rules. = 난 그 새 규칙에 익숙하지 않아.
- I am used to working every day. = 나 매일 일하는 것에 익숙해.
- Are you used to waking up early? = 너 일찍 일어나는 것에 익숙해?
- You will get used to it. = 너 그것에 익숙해질 거야.

be disappointed with something
~에 실망하다

Mayu Says

사람, 물건, 결과 등에 실망했다고 할 때 사용합니다.
사람의 본질적인 면에 깊이 실망했다고 할 땐 with 대신 in을 쓰기도 합니다.

Related Words

#frustrated (낙심한) #satisfied (만족한) #upset (기분이 상한)

Example Sentences

- I am disappointed with the result. = 나 그 결과에 실망했어.
- She is disappointed with her score. = 걔는 자기 점수에 실망했어.
- They are disappointed with the toaster. = 그들은 그 토스터에 실망했어.
- Are you disappointed in the candidate? = 그 후보자에게 실망했나요?
- We are disappointed in you. = 우린 너에게 실망했단다.

take place
벌어지다

Mayu Says

happen과 비슷하지만 take place는 특히 행사같이 계획되었던 것이 벌어졌다고 할 때 씁니다. '일어나다', '열리다', '개최되다' 등으로 해석할 수 있겠죠. happen은 특히 사고나 천재지변처럼 의도하지 않은 일이 벌어졌다고 할 때 씁니다.

Related Words

#occur (발생하다) #event (행사) #organized (조율된)

Example Sentences

- The expo is going to take place in LA. = 그 엑스포는 LA에서 개최될 것입니다.
- The wedding took place in Seoul. = 그 결혼식은 서울에서 열렸어.
- Elections will take place in June. = 선거는 6월에 열릴 겁니다.
- When did it take place? = 그게 언제 벌어졌죠?
- The accident happened unexpectedly. = 그 사고는 기대치 않게 벌어졌습니다.

Week 29

pick up the phone
전화를 받다

Mayu Says

수화기를 든다(pick up)는 느낌이라고 보시면 됩니다.
pick up 대신 answer를 쓰기도 하며, 전화를 끊는 건 hang up the phone입니다.

Related Words

#ring (울리다) #ringtone (신호음) #answer (응답하다)

Example Sentences

- Pick up the phone! = 전화 좀 받아!
- You never pick up the phone. = 너 절대로 전화 안 받잖아.
- Did you pick up the phone? = 너 전화 받았어?
- No one is picking up the phone. = 아무도 전화를 안 받고 있어.
- Will you pick up the phone? = 전화 좀 받을래?

talk on the phone
통화하다

Mayu Says

휴대폰으로 통화를 하더라도 굳이 cell phone이라고 쓰지 않습니다.
한창 통화 중이라고 하고 싶다면 talk를 진행형으로 쓰거나 아예 be동사
로 교체합니다.

Related Words

#phone call (통화) #dial (전화를 걸다) #hang up (전화를 끊다)

Example Sentences

- I am talking on the phone. = 나 통화 중이야.
- I am on the phone. = 나 통화 중이야.
- Is your sister still talking on the phone? = 언니 아직도 통화 중이
  니?
- He has been talking on the phone for 30 minutes. = 걔는 30분
  간 통화해오고 있어.
- He talked to Emily on the phone. = 그는 Emily와 통화했어.

hang up the phone

전화를 끊다

Mayu Says

the phone은 쓰지 않아도 문제는 없습니다.
hang의 과거형은 hung입니다.
비슷하게는 get off the phone이란 표현이 있습니다.

Related Words

#conversation (대화) #communication (소통) #cell phone (휴대폰)

Example Sentences

- Hang up the phone! = 전화 좀 끊어!
- Don't hang up! = 전화 끊지 마!
- She just hung up the phone. = 걔는 방금 전화를 끊었어.
- When are you going to hang up the phone? = 너 언제 전화 끊을 거야?
- My boyfriend just hung up on me. = 내 남자친구가 내가 말하고 있는데 전화를 끊어버렸어.

hang up on someone
~가 말하고 있는데 전화를 끊다

Mayu Says

남이 말하고 있는데 의도적으로 무시하듯 전화를 끊어버린다는 말입니다.
hang up (the phone) 자체는 전화를 끊는다는 동사입니다.

Related Words

#pick up the phone (수화기를 들다) #make a phone call (전화를 걸
다) #argument (말다툼)

Example Sentences

- He just hung up on me. = 걔가 방금 내가 말하고 있는데 전화 끊
  었어.
- Don't you hang up on me! = 내가 말하고 있는데 절대 전화 끊지 마!
- Did you just hang up on me? = 너 방금 나 말하는데 전화 끊었어?
- I had to hang up on the salesman. = 그 판매원이 말하고 있는데
  전화를 끊어야만 했어.
- She always hangs up on telemarketers. = 걔는 항상 텔레마케터
  가 말하고 있을 때 전화를 끊어.

put someone on the phone
전화를 바꿔주다

Mayu Says

통화를 하다가 제삼자에게 전화기를 넘겨달라고 할 때 쓰는 말입니다.
"Can I talk to someone(~와 통화할 수 있을까요)?"도 알아두세요.

Related Words

#phone conversation (전화통화) #pass (넘겨주다) #3-way call (삼자 통화)

Example Sentences

- Put him on the phone. = 걔 좀 바꿔줘.
- Put your mom on the phone. = 엄마 좀 바꿔주렴.
- I asked him to put Jenny on the phone. = 걔한테 Jenny 좀 바꿔달라고 부탁했어.
- Can you put your boss on the phone? = 자네 상사 좀 바꿔줄 수 있겠나?
- She refused to put her sister on the phone. = 걔는 자기 언니 바꿔주기를 거부했어.

over the phone

전화상으로

Mayu Says

전화상으로 뭔가를 전달한다는 의미로 쓰는데, 일반동사와 함께 써야 합니다.

on the phone(통화 중인)은 be동사와 함께 써야 하니 헷갈리지 마세요!

Related Words

#information (정보) #deliver (전달하다) #in person (직접 만나서)

Example Sentences

- I will tell you about it over the phone. = 그것에 대해 전화상으로 말씀드릴게요.
- He explained it to me over the phone. = 그는 전화상으로 그걸 설명해줬어요.
- Let's talk about it over the phone. = 그거 전화상으로 얘기하자.
- Can you give me the information over the phone? = 그 정보 좀 전화상으로 줄 수 있어요?
- I can't give you the information over the phone. = 그 정보 전화상으로는 드릴 수 없어요.

turn up something
~을 키우다

Mayu Says

여기서 something은 볼륨, 바람의 세기 등을 말합니다.
반대로 뭔가를 줄인다고 할 땐 turn down을 쓰세요.

Related Words

#increase (증가시키다) #decrease (감소시키다) #boost (높이다)

Example Sentences

- Turn up the volume! = 볼륨을 키워!
- The DJ turned up the volume. = DJ가 볼륨을 키웠어.
- Could you turn up the heat? = 온도 좀 높여줄 수 있나요?
- Don't turn it up. = 그걸 키우지 마.
- Please turn down the volume. = 볼륨을 줄여주세요.

Week 30

be interested in something

~에 관심이 있다

Mayu Says

something 대신 doing something을 쓸 수도 있습니다.
have an interest in something이라고 써도 좋아요.

Related Words

#attention (관심) #hobby (취미) #attractive (매력적인)

Example Sentences

- I am interested in your program. = 전 당신 프로그램에 관심이 있어요.
- She is interested in our club. = 그녀는 우리 동호회에 관심이 있어.
- Are you interested in our products? = 저희 제품에 관심이 있으신가요?
- I am not interested in you. = 나 너한테 관심 없어.
- He is interested in playing golf. = 걔는 골프 치는 것에 관심이 있어.

be allergic to something
~에 알레르기가 있다

Mayu Says

have an allergy to something이라고 써도 좋습니다.
allergy는 "알레르기"가 아니라 "알럴쥐"에 가깝게 발음하세요.

Related Words

#react (반응하다) #asthma (천식) #symptom (증상)

Example Sentences

- I am allergic to cats. = 난 고양이에 알레르기가 있어.
- My son is allergic to apples. = 제 아들은 사과에 알레르기가 있어요.
- Are you allergic to anything? = 너 알레르기 있는 거 있니?
- I am not allergic to anything. = 난 어떤 것에도 알레르기가 없어.
- Jerry is allergic to pollen. = Jerry는 꽃가루에 알레르기가 있어.

get ahold of someone
~와 연락이 되다

Mayu Says

단순히 전화를 건다는 의미의 call과는 달리 실제로 연락이 닿는 것을 의미합니다.
비슷하게는 get in touch with someone 정도가 있습니다.

Related Words

#reach (연락이 닿다) #busy (통화 중인) #missing (사라진)

Example Sentences

- I couldn't get ahold of him. = 걔랑 연락이 안 됐어.
- I am trying to get ahold of Eddie. = Eddie랑 연락이 되게끔 노력 중이야.
- If you get ahold of her, call me. = 걔랑 연락이 되면 나한테 전화해줘.
- I have been trying to get ahold of her for hours. = 걔랑 연락이 되려고 수 시간 노력해오고 있어.
- Did you get a hold of the doctor? = 그 의사랑 연락됐어?

take someone out to dinner
~에게 저녁 식사를 대접하다

Mayu Says

dinner 대신 lunch, brunch 등을 응용해서 넣어주어도 좋습니다.
take someone out 대신 treat someone을 쓰면 격을 갖추어 대접한다
는 느낌이 더 강해집니다.

Related Words

#romantic (로맨틱한) #respect (존중) #date (데이트)

Example Sentences

- I'd like to take you out to dinner. = 당신에게 저녁 식사를 대접하고
  싶습니다.
- Thomas took me out to dinner. = Thomas가 나한테 저녁 식사를
  대접했어.
- Who took you out to dinner? = 누가 너한테 저녁 식사를 대접했는
  데?
- I took your sister out to dinner. = 너희 언니한테 저녁 식사 대접했어.
- I'd like to treat you to dinner. = 당신에게 저녁 식사를 대접하고 싶
  습니다.

cut in line
새치기하다

Mayu Says

누구 앞에서 새치기한다고 강조할 땐 cut in front of someone을 쓰면
됩니다.
운전 중에 새치기를 하는 것, 즉 끼어든다고 할 땐 cut someone off라고
합니다.

Related Words

#cheating (부정행위) #rude (무례한) #ignorance (무지함)

Example Sentences

- Don't cut in line. = 새치기하지 마세요.
- This guy just cut in line. = 이 남자가 방금 새치기했어.
- Can you not cut in line? = 새치기 좀 안 하시면 안 돼요?
- This woman cut in front of me. = 이 여자가 제 앞에서 새치기했
  어요.
- He cut me off! = 그의 차가 제 차 앞에 끼어들었어요!

flush the toilet
변기 물을 내리다

Mayu Says

the toilet은 굳이 쓰지 않아도 문맥을 통해 대부분 소통됩니다(한국어로 물 내린다고만 하는 것처럼).

toilet은 미국에서 '화장실'보다는 '변기'의 의미로 쓰입니다.

Related Words

#bathroom (화장실) #toilet seat (변기 시트) #toilet paper (휴지)

Example Sentences

- Don't forget to flush the toilet. = 변기 물 내리는 거 잊지 마.
- Roy flushed the toilet twice. = Roy는 변기 물을 두 번 내렸어.
- After flushing the toilet, wash your hands. = 변기 물 내리고 나서 손 씻어.
- Did you flush? = 너 물 내렸어?
- Put the toilet lid down before flushing. = 물 내리기 전에 변기 뚜껑 닫아.

work out

운동하다

Mayu Says

일반적으로 work out은 피트니스 센터에서 하는 규칙적인 세트 형식의 운동을 말합니다.
exercise는 그런 고강도의 운동을 제외한 가벼운 운동을 지칭할 때가 더 많습니다.

Related Words

#muscle (근육) #gym (피트니스 센터) #slim (날씬한)

Example Sentences

- I work out every day. = 나 매일 운동해.
- I am working out at the gym. = 나 피트니스 센터에서 운동 중이야.
- Working out is quite fun. = 운동하는 건 꽤 재미있어.
- She hates working out. = 걔는 운동하는 걸 싫어해.
- He couldn't stop working out. = 걔는 운동하는 걸 멈출 수가 없었어.

Week 31

slack off
나태해지다, 게으름 부리다

Mayu Says

전보다 열정이 줄어들고 느려짐을 표현하는 슬랭입니다.
무엇을 하는 데 있어 게으름을 부리는지 쓰고 싶다면 뒤에 on과 함께 추가하세요.

Related Words

#laziness (게으름) #procrastinate (질질 끌다) #lazybones (게으름뱅이)

Example Sentences

- I've been slacking off lately. = 나 최근에 나태하게 굴어왔어.
- Stop slacking off and get back to work! = 그만 게으름 부리고 다시 일해!
- I always slack off on Mondays. = 난 월요일마다 나태해져.
- I don't want to see my students slack off. = 전 제 학생들이 게으름 부리는 걸 보고 싶지 않아요.
- I kind of want to slack off. = 나 좀 게으름 부리고 싶네.

DAY 212

swear to someone
~에게 맹세하다

Mayu Says

to를 at으로만 바꿔도 맹세하는 게 아니라 욕을 한다는 뜻이 되므로 주의하세요!

비슷한 맥락의 표현으로는 swear on someone(~을 걸고 맹세하다)이 있습니다.

Related Words

#truth (진실) #liar (거짓말쟁이) #innocent (결백한)

Example Sentences

- I swear to God! = 신께 맹세해!
- I swear to God I didn't steal your wallet. = 신께 맹세하건대 당신의 지갑을 안 훔쳤어요.
- You always say you swear to God. = 넌 항상 신께 맹세한다고 하지.
- I swear to you I wasn't with Hailey. = 너한테 맹세하는데 나 Hailey랑 같이 있지 않았어.
- Don't swear at me. = 나한테 욕하지 마.

be one's age

~와 동갑이다

Mayu Says

동갑 혹은 비슷한 또래라는 말입니다.
비슷한 표현으로는 be the same age as someone이 있습니다.

Related Words

#buddy (친구) #friendship (우정) #common (공통적인)

Example Sentences

- Amy is your age. = Amy는 너랑 동갑이야.
- She is about my age. = 걔는 거의 내 또래야.
- My son is your age. = 내 아들은 네 또래란다.
- I think they are my age. = 걔네는 나랑 동갑인 것 같아.
- Henry is the same age as you. = Henry는 너랑 동갑이야.

turn something

~살이 되다

Mayu Says

something의 자리에 나이를 넣으면 그 나이로 넘어가는 시점을 강조하는 말투가 됩니다.

turn 대신 become을 써도 좋고, years old는 쓸 필요가 없습니다.

Related Words

#age (나이) #mature (성숙한) #grow (자라다)

Example Sentences

- I just turned 20. = 저 방금 스무 살 됐어요.
- My baby is turning 3 next month. = 우리 아기는 다음 달에 세 살이 돼요.
- My niece turned 10 last week. = 내 조카는 지난주에 열 살이 됐어.
- Didn't he just turn 5? = 걔 갓 다섯 살 되지 않았어?
- I am finally turning 30 tomorrow. = 나 마침내 내일 서른 살 돼.

have a runny nose
콧물이 나다, 콧물을 흘리다

Mayu Says

runny는 run(흐르다)이라는 동사를 형용사로 만든 단어입니다.
running nose라고 하면 달리는 코가 되니 주의하세요!

Related Words

#the flu (독감) #seasonal (계절에 따른) #nasal (코의)

Example Sentences

- I have a runny nose. = 나 콧물 나.
- My baby girl has a runny nose. = 제 어린 딸이 콧물을 흘려요.
- If you have a runny nose, take these pills. = 콧물이 나면, 이 알약을 복용하세요.
- He has a runny nose because he has a cold. = 걔는 감기에 걸려서 콧물이 나는 거야.
- Does your child have a runny nose, too? = 아이가 콧물도 흘리나요?

blow one's nose

코를 풀다

Mayu Says

blow의 과거형은 blew이고 p.p.형은 blown입니다.
코를 판다고 할 때는 blow 대신 pick을 씁니다.

Related Words

#cold (감기) #nostril (콧구멍) #allergy (알레르기)

Example Sentences

- Blow your nose already. = 어서 그냥 코를 풀어.
- I went outside to blow my nose. = 코를 풀려고 밖에 나갔어.
- The man behind me kept blowing his nose. = 내 뒤의 남자가 계속 코를 풀었어.
- It's not rude to blow your nose. = 코를 푸는 건 무례한 게 아니야.
- I need to blow my nose. = 코 좀 풀어야겠어.

hold one's breath

숨을 참다

Mayu Says

breath(숨)는 breathe(숨 쉬다)와 달리 rea를 "뤠"에 가깝게 발음합니다. 숨을 고른다고 할 땐 hold 대신 catch를 씁니다.

Related Words

#breathe in (들이쉬다) #breathe out (내쉬다) #lung (폐)

Example Sentences

- Hold your breath. = 숨을 참아.
- I can hold my breath for a long time. = 나 숨 오래 참을 수 있어.
- How long can you hold your breath? = 너 숨 얼마나 오래 참을 수 있어?
- The trainees held their breath in the gas chamber. = 그 훈련생들은 가스실에서 숨을 참았어.
- I can't hold my breath for more than a minute. = 난 1분 이상 숨을 못 참아.

Week 32

let one's hair grow out
머리를 기르다

Mayu Says

grow의 과거형은 grew, p.p.형은 grown입니다.
비슷한 말로는 grow one's hair out이 있습니다.

Related Words

#hairdo (머리 스타일) #hair salon (미용실) #patience (참을성)

Example Sentences

- I am going to let my hair grow out. = 나 머리 기를 거야.
- I am going to grow my hair out. = 나 머리 기를 거야.
- You can grow your hair out faster. = 머리를 더 빨리 기를 수 있어요.
- It's time to let my hair grow out. = 머리 기를 때가 됐어.
- I have decided to let my hair grow out. = 나 머리 기르기로 결정했어.

have a headache
두통이 있다

Mayu Says

ache로 끝나는 증상이나 비교적 심각하지 않은 증상은 대부분 이렇게
관사를 추가합니다.
headache 자리에 감기나 복통 등의 다양한 증상을 넣어 활용하세요.

Related Words

#symptom (증상) #migraine (편두통) #achy (통증이 있는)

Example Sentences

- I have a headache. = 저 두통이 있어요.
- Do you have a headache, too? = 두통도 있나요?
- If you have a headache, go home. = 두통이 있으면 집에 가세요.
- I have a cold. = 감기가 있어요. = 감기 걸렸어요.
- I have a stomachache. = 복통이 있어요.

feel sick

울렁거리다

Mayu Says

sick을 be동사와 함께 쓰면 아프다는 말이 되지만, feel과 쓰면 울렁거리고 구토할 것 같다는 뜻이 됩니다.
비슷하게는 feel nauseous(메스껍다)라는 표현이 있습니다.

Related Words

#vomit (구토하다) #dizzy (어지러운) #condition (상태)

Example Sentences

- I feel sick. = 나 토할 것 같아.
- If you feel sick, drink some water. = 울렁거리면 물을 좀 마셔.
- I felt sick in the car. = 나 차 안에서 토할 것 같았어.
- She felt sick with fear. = 그녀는 공포로 울렁거렸다.
- He felt sick on his way home. = 그는 집에 가는 길에 토할 것 같았다.

don't feel well
몸이 안 좋다

Mayu Says

몸이 심하게 안 좋거나 실제로 병이 있을 때는 sick이라는 형용사를 쓰지만, 컨디션이 안 좋다고 느끼는 정도에는 don't feel well을 쓰는 게 좋습니다.

Related Words

#chill (오한) #symptom (증상) #illness (병)

Example Sentences

- I don't feel well. = 몸이 안 좋아.
- My son is not feeling well. = 우리 아들이 몸이 좀 안 좋아.
- I didn't feel well yesterday. = 나 어제 몸이 안 좋았어.
- If you don't feel well, get some rest. = 몸이 안 좋으면 좀 쉬어.
- I heard you are not feeling well. = 몸이 안 좋다고 들었어.

be on one's period
생리 중이다

Mayu Says

on이라는 단어는 뭔가 진행 중임을 표현해줍니다. 예) on a trip(여행 중인)

period는 pe에 강세를 주어 발음하세요.

Related Words

#menstruation (월경) #fatigue (피로) #depression (우울함)

Example Sentences

- I am on my period. = 나 생리 중이야.
- Are you on your period? = 너 생리 중이니?
- Olivia is on her period. = Olivia는 생리 중이야.
- I didn't know you were on your period. = 너 생리 중인지 몰랐어.
- Is your sister on her period? = 언니는 생리 중이니?

DAY 223

be sick in bed
몸져누워 있다

Mayu Says

여기서 bed는 침대가 아니라 잠자리의 개념이므로 관사가 필요 없습니다.

비슷하게는 be seriously sick(심각하게 아프다)이 있습니다.

Related Words

#ill (아픈) #high fever (고열) #painful (고통스러운)

Example Sentences

- My dad is sick in bed. = 아빠가 몸져누워 계셔.
- They are both sick in bed. = 걔네 둘 다 몸져누워 있어.
- He has been sick in bed for days. = 걔는 수일간 몸져누워 있어.
- She was sick in bed the entire week. = 걔는 한 주 내내 몸져누워 있었어.
- Rob is sick in bed with the flu. = Rob은 독감으로 몸져누워 있어.

visit someone in the hospital
~의 병문안을 가다

Mayu Says

in 대신 at을 쓰면 입원한 사람이 아니라 병원에서 일하는 사람을 방문한다는 뜻이 됩니다.
집에 있는 사람의 병문안을 가는 거라면 in the hospital만 빼주면 됩니다.

Related Words

#hospitalized (입원한) #discharged (퇴원한) #concerned (염려하는)

Example Sentences

- Let's visit Grandma in the hospital. = 할머니 병문안 가자.
- We visited our boss in the hospital. = 우리 상사 병문안 갔어.
- I am visiting him in the hospital tonight. = 나 오늘 밤에 걔 병문안 가.
- The patient's friends visited her in the hospital. = 그 환자의 친구들이 그녀의 병문안을 왔어요.
- We should visit them in the hospital. = 우리 걔네 병문안 가야겠어.

Week 33

run errands
심부름을 하다

Mayu Says

누군가의 심부름으로 가까운 거리에 뭔가를 가지러 가거나 사러 가는 것을 말합니다.
집안일을 한다고 할 때는 do chores를 쓰세요.

Related Words

#trip (이동) #favor (호의) #task (일)

Example Sentences

- I have to run some errands. = 나 심부름 좀 해야 해.
- I ran some errands today. = 나 오늘 심부름 좀 했어.
- Lisa is busy running errands. = Lisa는 심부름하느라 바빠.
- I have been running errands all day. = 나 하루 종일 심부름해오고 있어.
- I was running some errands for my mom. = 나 엄마 심부름 좀 하고 있었어.

DAY 226

all the time

매번

Mayu Says

뭔가를 반복해서 자주 한다는 느낌을 주는 덩어리 표현입니다.
반복성보다 끊기지 않는 지속성을 강조할 때는 at all times(항시)를 씁니다.

Related Words

#repeat (반복하다) #often (자주) #multiple (다수의)

Example Sentences

- I come here all the time. = 저 여기 매번 와요.
- That good-looking guy comes to our café all the time. = 저 잘생긴 남자는 우리 카페에 매번 와.
- He says that all the time. = 걔는 매번 그렇게 말해.
- My brother lies all the time. = 내 동생은 매번 거짓말해.
- It happens all the time. = 매번 벌어지는 일이에요.

change one's mind
마음이 바뀌다

Mayu Says

change는 cha에 충분히 강세를 주어 ge가 약해지게 발음하세요.
변심은 명사로 a change of heart라고 합니다.

Related Words

#back out (발을 빼다) #give up (포기하다) #uncertainty (불확실함)

Example Sentences

- I changed my mind. = 마음이 바뀌었어요.
- She changed her mind at the last minute. = 걔는 막판에 마음이 바뀌었어.
- You'd better not change your mind. = 너 마음 바뀌지 않는 게 좋을 거야.
- If you change your mind, call us. = 마음이 바뀌면 전화해주세요.
- Why did the customer change her mind? = 그 손님은 왜 마음이 바뀌었지?

do a good job on something
~을 잘하다, ~을 잘 해내다

Mayu Says

주어진 일이나 임무를 잘 해낸다고 할 때 씁니다.
awesome, perfect 등을 써서 good보다 더 긍정적인 느낌을 낼 수도 있습니다.

Related Words

#impressive (인상적인) #excellence (뛰어남) #compliment (칭찬)

Example Sentences

- You did a good job on your homework. = 숙제 잘했어.
- They did a good job on the project. = 그들은 그 프로젝트를 잘 해냈어.
- She will do a good job on it. = 걔는 그걸 잘 해낼 거야.
- You did an excellent job on this one! = 너 이거 엄청 잘했어!
- He did a great job on the test. = 걔는 그 시험 엄청 잘 봤어.

sit down with someone
~와 만나다

Mayu Says

이것은 단순히 만난다는 뜻도 아니고 자리에 앉는다는 뜻도 아닙니다. 논의를 하거나 중요한 이야기를 나누기 위해 자리를 함께한다는 의미입니다.

Related Words

#discuss (논의하다) #advise (충고하다) #serious (진지한)

Example Sentences

- I sat down with my boss. = 난 우리 상사랑 만났어.
- I sat down with him to discuss my promotion. = 난 내 승진을 논의하려고 그와 만났어.
- They sat down with the CEO. = 그들은 그 대표와 만났어.
- You should sit down with her to talk about this. = 너 이것에 대해 얘기하기 위해 걔랑 만나야겠다.
- We sat down with her to convince her. = 우린 그녀를 설득시키려고 그녀와 만났어.

have plans
약속이 있다

Mayu Says

개인적인 만남의 약속을 말합니다.
공적인 만남의 약속이나 전문가와의 약속(예: 의사와의 상담)이 있다고
말할 땐 have an appointment를 씁니다.

Related Words

#schedule (일정) #hang out (놀다) #get together (모이다)

Example Sentences

- I have plans for tonight. = 나 오늘 밤에 약속 있어.
- She has plans for the weekend. = 걔는 주말에 약속 있어.
- I don't have any plans yet. = 나 아직 약속 없어.
- Do you have plans for the evening? = 너 저녁에 약속 있니?
- I wish I had plans. = 약속이 있으면 좋겠네.

give it a few more days
며칠 더 기다려보다

Mayu Says

여기서 it은 기다리는 물건이나 소식을 의미합니다.
days 대신 weeks, months 등을 넣어 응용해서 사용해도 좋습니다.

Related Words

#long (갈망하다) #patience (인내) #shipping (배송)

Example Sentences

- Let's give it a few more days. = 며칠 더 기다려보자.
- Why don't we give it a few more days? = 우리 며칠 더 기다려보는 게 어때?
- My clients decided to give it a few more days. = 내 의뢰인들은 며칠 더 기다려보기로 했다.
- Give it a few more days and see if it works. = 며칠 더 기다려보고 효과가 있는지 봐.
- They asked me to give it a few more days. = 그들은 내게 며칠 더 기다려보라고 부탁했어.

Week 34

be determined to do something
~을 하기로 마음먹다

Mayu Says

뭔가를 하기로 이미 단단히 마음먹은 상태를 강조하는 표현입니다. determine(판단하다)라는 동사와 연관 짓지 마세요. 더 헷갈릴 수 있습니다.

Related Words

#focus (집중하다) #passionate (열정적인) #unwavering (확고한)

Example Sentences

- I am determined to lose weight. = 나 살 빼기로 마음먹었어.
- She is determined to protect her baby. = 그녀는 자기 아기를 보호하기로 마음먹었다.
- We are determined to learn English. = 우린 영어를 배우기로 마음먹었어.
- My son is determined to study abroad. = 내 아들은 해외에서 공부하기로 마음먹었어.
- They are determined to win the game. = 그들은 그 경기에서 이기기로 마음먹었어.

be on a diet
다이어트 중이다

Mayu Says

diet는 식사조절을 의미합니다. 운동을 포함하는 말이 아니에요.
'다이어트를 하다'라는 행동을 강조하는 뜻으로 쓸 땐 be동사 대신 go를
씁니다.

Related Words

#lose weight (살을 빼다) #slender (날씬한) #body fat (체지방)

Example Sentences

- I am on a diet. = 나 다이어트 중이야.
- Are you still on a diet? = 너 아직 다이어트 중이야?
- Is your friend on a diet again? = 네 친구는 또 다이어트 중이니?
- I thought you were on a diet. = 너 다이어트 중인 줄 알았는데.
- I am going to go on a diet. = 나 다이어트 할 거야.

cut down on something
~을 줄이다

Mayu Says

섭취량 등 뭔가의 양을 줄인다는 말입니다.
down 대신 back을 써도 의미는 같습니다.

Related Words

#reduce (줄이다) #diet (식사조절) #control (자제하다)

Example Sentences

- You should cut down on sugar. = 너 설탕 좀 줄여야 해.
- I am trying to cut down on my sugar intake. = 나 설탕 섭취를 줄이려는 중이야.
- I should cut down on the amount of sugar I consume. = 나 설탕 섭취하는 양 좀 줄여야 해.
- John is cutting down on coffee. = John은 커피를 줄이고 있어.
- It's hard to cut down on our caffeine intake. = 카페인 섭취를 줄이는 건 힘들어.

give it a try
시도해보다

Mayu Says

결국 try it과 같은 뜻이며, 무엇을 시도하는지 굳이 나타내려면 it의 자리에 쓰면 됩니다.
try 대신 go 혹은 whirl을 쓰기도 합니다.

Related Words

#challenge (도전) #courage (용기) #chance (가능성)

Example Sentences

- Give it a try! = 시도해봐!
- I already gave it a try. = 나 그거 벌써 해봤어.
- Give this pasta a try. = 이 파스타 시도해봐. = 먹어봐.
- Can I give it a try? = 그거 해봐도 돼요?
- Give it a go! = 시도해봐!

make sure to do something
~을 꼭 하다

Mayu Says

명령어로 쓰면 '꼭 해'라는 말투를 연출할 수 있습니다.
make 대신 be동사를 쓰기도 합니다.

Related Words

#confirm (확인하다) #double-check (재확인하다) #order (명령)

Example Sentences

- Make sure to do it. = 너 그거 꼭 해.
- Make sure to come home early. = 집에 꼭 일찍 와.
- Make sure to lock the door. = 그 문 꼭 잠가.
- Make sure to call your parents. = 부모님께 꼭 전화드려.
- Be sure to bring your passport. = 네 여권 꼭 가져와.

take a rain check
다음에 꼭 하다

Mayu Says

우천으로 경기가 취소될 때 관중에게 다음에 오도록 rain check을 발부
해주는 것에서 비롯된 표현입니다. 이번엔 참여하지 못하지만 다음엔 꼭
하겠다는 예의 바른 표현입니다.

Related Words

#promise (약속) #postpone (연기하다) #refuse (거절하다)

Example Sentences

- I will take a rain check. = 다음에 꼭 할게요.
- I am going to have to take a rain check. = 다음을 기약해야 할 것
  같아요.
- Do you mind if I take a rain check? = 다음에 해도 될까요?
- I can't come today, but I will take a rain check. = 오늘은 못 가지
  만 다음엔 꼭 갈게요.
- We will take a rain check on that. = 그거 다음에 꼭 할게요.

be in line
줄을 서 있다

Mayu Says

이미 줄을 서 있는 상태를 강조하는 표현입니다.
줄을 서는 동작을 강조하여 '줄을 서다'라는 뉘앙스로 쓰려면 be동사 대신 get을 쓰세요.

Related Words

#order (질서) #yield (양보하다) #stand in line (줄 서다)

Example Sentences

- We are in line. = 저희 줄 서 있는 거예요.
- Are you in line? = 줄 서 계신 건가요?
- Oh, I am not in line. = 오, 저 줄 서 있는 거 아니에요.
- Get in line! = 줄 서세요!
- Let's hurry up and get in line. = 서둘러 줄 서자.

Week 35

DAY 239

make a right turn
우회전하다

Mayu Says

turn이란 단어는 생략해도 좋습니다.
비슷하게는 turn right이 있습니다.
right turn 자리에 left turn과 U-turn을 넣어 응용해보세요.

Related Words

#traffic (교통) #directions (길 안내) #steer (조종하다)

Example Sentences

- Make a right turn right now. = 지금 우회전해.
- Are you sure you made a right turn? = 너 우회전한 거 확실해?
- Make a right at the intersection. = 교차로에서 우회전해.
- Make a left at the next intersection. = 다음 교차로에서 좌회전하세요.
- Please make a U-turn. = 유턴해주세요.

get in a car accident
자동차 사고가 나다

Mayu Says

car라는 단어를 빼도 대부분 자동차 사고로 통합니다.
get in 대신 have를 써도 의미는 같습니다.

Related Words

#damage (손상) #hurt (다친) #crash (충돌)

Example Sentences

- My buddy got in a car accident. = 내 친구 자동차 사고 났어.
- Donna got in a car accident. = Donna 자동차 사고 났어.
- Be careful not to get in a car accident. = 자동차 사고 안 나게 조심해.
- I had a car accident yesterday. = 나 어제 자동차 사고 났어.
- He had an accident on his way home. = 걔는 집에 가는 길에 사고가 났어.

sleep at the wheel
졸음운전을 하다

Mayu Says

여기서 wheel은 바퀴가 아니라 steering wheel(운전대)을 나타냅니다.
sleep 대신 fall asleep(잠들다)을 쓰기도 합니다.

Related Words

#drowsy (나른한) #doze off (졸다) #dangerous (위험한)

Example Sentences

- Never sleep at the wheel. = 절대 졸음운전 하지 마.
- That guy must be sleeping at the wheel. = 저 사람 졸음운전 하고 있나 봐.
- I saw her sleeping at the wheel. = 난 그녀가 졸음운전 하고 있는 걸 봤어.
- I fell asleep at the wheel. = 나 졸음운전 했어.
- He almost fell asleep at the wheel. = 걔는 졸음운전을 할 뻔했어.

buckle up

안전벨트를 매다

Mayu Says

안전벨트를 매는 동작을 강조하는 표현으로, 조금 더 형식적으로는 put on one's seat belt 혹은 fasten one's seat belt가 있습니다.

Related Words

#safety belt (안전벨트) #protection (보호) #fasten (조여 매다)

Example Sentences

- Buckle up! = 안전벨트를 매!
- We all should buckle up. = 우리 모두 안전벨트를 매야 해.
- Buckle up before you drive. = 운전하기 전에 안전벨트를 매.
- Most drivers buckle up these days. = 요즘 대부분의 운전자들은 안전벨트를 맵니다.
- You'd better buckle up. = 너 안전벨트 매는 게 좋을걸.

throw a party
파티를 열다

Mayu Says

throw는 host(주최하다)와 의미는 비슷하지만 더 가볍게 사용하는 표현입니다.
누구를 위한 파티인지 쓰려면 뒤에 for를 추가하세요.

Related Words

#enjoyment (즐거움) #invite (초대하다) #have fun (재미있는 시간을 보내다)

Example Sentences

- Let's throw a party. = 파티를 열자.
- We want to throw a special party. = 우린 특별한 파티를 열고 싶어.
- Mom wants to throw a party for David. = 엄마가 David을 위해 파티를 열고 싶어 해요.
- My friends threw a surprise party for me. = 내 친구들이 날 위해 깜짝 파티를 열어줬어.
- They threw a farewell party for me. = 그들이 날 위해 작별 파티를 열어줬어.

clean up after someone
~가 어지럽힌 것을 치우다

Mayu Says

자신이나 남이 어지럽힌 것을 치우고 정리한다는 말입니다.
someone의 자리에 동물을 넣으면 배변을 치운다는 의미로 쓸 수 있습니다.

Related Words

#responsible (책임감 있는) #tidy up (정리하다) #messy (지저분한)

Example Sentences

- Clean up after yourself. = 어지럽힌 거 정리하렴.
- I am cleaning up after my kids. = 우리 애들이 어지럽힌 거 치우는 중이야.
- Please clean up after your dog. = 반려견의 배변을 치워주세요.
- I am tired of cleaning up after my kids. = 우리 애들이 어지럽힌 거 치우는 게 지긋지긋해.
- You are supposed to clean up after yourself. = 네가 어지럽힌 건 네가 치워야 하는 거야.

find out something

~을 알아내다

Mayu Says

물건을 찾아낸다는 말이 아니라 사실 등을 알아낸다는 말입니다.
find out 뒤에 about을 추가하면 뭔가에 '대해' 알아낸다는 더 디테일한
표현이 됩니다.

Related Words

#discover (발견하다) #truth (진실) #information (정보)

Example Sentences

- I found out the truth. = 난 진실을 알아냈어.
- I couldn't find out what his password is. = 난 그의 비밀번호가
  뭔지 못 알아냈어.
- He won't find it out. = 걔는 그걸 못 알아낼 거야.
- How did you find out about the cause? = 그 원인에 대해 어떻게
  알아냈죠?
- I hope they don't find out about this. = 걔네가 이것에 대해 알아내
  지 않으면 좋겠어.

Week 36

for no reason
이유 없이

Mayu Says

무언가 타당한 이유나 원인 없이 벌어졌음을 표현합니다.
for no apparent reason(명백한 이유 없이)이라고도 자주 말합니다.

Related Words

#unreasonable (불합리한) #sudden (갑작스러운) #cause (원인)

Example Sentences

- They fired me for no reason. = 그들은 이유 없이 날 해고했어.
- He hates me for no reason. = 걔는 이유 없이 날 싫어해.
- Mom yelled at me for no reason. = 엄마는 이유 없이 나한테 소리 질렀어.
- Sometimes, I cry for no reason. = 난 가끔 이유 없이 울어.
- Jodie quit for no apparent reason. = Jodie는 명백한 이유 없이 관뒀어.

stay up
깨어 있다

Mayu Says

얼마간 깨어 있는지 쓰려면 뒤에 for를 추가하세요.
뒤에 all night을 추가하면 밤을 새운다는 말이 됩니다.

Related Words

#awake (깨어 있는) #fall asleep (잠들다) #nod off (졸다)

Example Sentences

- I stayed up for 3 nights. = 나 3일 밤을 새워야만 했어.
- They had to stay up for 2 nights. = 걔네는 이틀 밤을 새워야 했어.
- She stayed up all night. = 걔는 밤을 새웠어.
- I am too tired to stay up all night. = 난 밤을 새우기엔 너무 피곤해.
- No one can stay up that long. = 아무도 그렇게 오래 깨어 있지는 못해.

run out of something
~이 바닥나다

Mayu Says

음식, 연료, 재료 등이 소진되었다는 의미로 사용합니다.
이 표현은 주어를 사람으로 씁니다.

Related Words

#deplete (고갈시키다) #unavailable (이용할 수 없는) #empty (비어 있는)

Example Sentences

- I ran out of gas. = 나 기름이 바닥났어.
- They ran out of water. = 걔네는 물이 바닥났어.
- We ran out of water and food. = 우리 물이랑 음식이 바닥났어.
- We are running out of supplies. = 우리 저장품이 바닥나고 있어.
- She will run out of money soon. = 걔는 곧 돈이 바닥날 거야.

as always
항상 그렇듯이

Mayu Says

여느 때와 같다는 의미를 전달해주는 표현입니다.
비슷하게는 as usual(평소처럼)이 있습니다.

Related Words

#consistent (한결같은) #unchanged (변함없는) #usual (평상시의)

Example Sentences

- As always, Mary got an A. = 항상 그렇듯이, Mary는 A를 받았어.
- As always, thank you for your support. = 항상 그렇듯이, 여러분의 성원에 고맙습니다.
- She seemed happy as always. = 그녀는 항상 그렇듯이 행복해 보였어.
- You look fabulous as always. = 넌 항상 그렇듯이 멋져 보여.
- As always, we appreciate your effort. = 항상 그렇듯이, 당신의 노력에 감사드립니다.

go overboard
오버하다

Mayu Says

감정이나 분위기에 취해서 말이나 행동을 과하게 한다는 느낌입니다.
도대체 무엇을 가지고 오버하는지는 뒤에 with를 추가하고 넣어주면 됩니다.

Related Words

#extreme (극적인) #excessive (지나친) #exceed (초과하다)

Example Sentences

- Don't go overboard. = 오버하지는 마.
- I don't want anyone to go overboard. = 아무도 과하게 행동하지는 않았으면 해.
- He really went overboard this time. = 그는 이번에 정말 오버했어.
- She went overboard with her make-up. = 걔는 화장을 오버해서 했어.
- Did I go overboard with the decorations? = 내가 장식을 오버해서 했나?

get in something
get on something
~에 타다

Mayu Says

자동차처럼 좁은 공간에 몸을 굽혀서 타는 교통수단에 탄다고 할 때는 get in을 씁니다. 버스, 기차, 비행기, 배처럼 마치 큰 널빤지에 올라서듯 타는 교통수단에 탈 때는 get on이라고 합니다.

Related Words

#transportation (교통수단) #출발 (departure) #travel (이동하다)

Example Sentences

- Get in the car! = 차에 타!
- Someone got in the taxi. = 누군가 그 택시에 탔어.
- I just got on the bus. = 나 방금 그 버스에 탔어.
- Let's hurry up and get on the plane. = 서둘러 비행기에 타자.
- Did you get on the train on time? = 제시간에 기차에 탔니?

get out of something
get off something
~에서 내리다

Mayu Says

자동차처럼 몸을 굽혀서 내리는 교통수단에서 내린다고 할 때는 get out of를 씁니다. 버스, 기차, 비행기, 배처럼 마치 큰 널빤지에서 내려오듯 내리는 교통수단에서 내린다고 할 때는 get off를 씁니다.

Related Words

#transportation (교통수단) #arrival (도착) #trip (이동)

Example Sentences

- Get out of the car! = 차에서 내려!
- The driver got out of his taxi. = 그 운전자가 그의 택시에서 내렸어.
- I just got off the bus. = 나 방금 그 버스에서 내렸어.
- Let's hurry up and get off the plane. = 서둘러 비행기에서 내리자.
- Did you already get off the train? = 너 벌써 기차에서 내렸니?

Week 37

get to somewhere
~에 도착하다, ~에 가다

Mayu Says

arrive는 비행기 등으로 긴 시간 이동했을 때 더 어울리고, get to는 비교적 가까운 곳으로의 이동에 어울립니다. 장소기 home, here, there이라면 to를 넣지 않습니다.

Related Words

#distance (거리) #travel (이동하다) #on time (제시간에)

Example Sentences

- I got here at 3. = 나 여기 3시에 도착했어.
- We have to get to the airport by 10. = 저희 공항에 10시까지 도착해야 해요.
- What time did you get here? = 너 여기 몇 시에 도착했어?
- How are you going to get there? = 너 거기 어떻게 도착할 거야? = 너 거기 어떻게 갈 거야?
- The plane arrived 30 minutes ago. = 비행기가 30분 전에 도착했어.

take one's time
천천히 하다

Mayu Says

뭔가를 제대로 하기 위해 여유를 가지고 한다는 의미입니다. slowly(느리게)라는 부사와는 달리 긍정적인 뉘앙스를 가진 표현입니다.

Related Words

#relaxed (여유 있는) #hurriedly (황급히) #composure (침착)

Example Sentences

- Take your time. = 천천히 하세요.
- Of course, you can take your time. = 물론 천천히 하셔도 되죠.
- I took my time. = 난 천천히 했어.
- She took her time to make it perfect. = 그녀는 그걸 완벽하게 만들려고 천천히 했어.
- Let's take our time, shall we? = 우리 천천히 좀 할까요?

in one's free time
여가 시간에

Mayu Says

이 표현 전체를 부사처럼 사용할 수 있습니다.
when one is free(~가 여유로울 때)라는 표현도 있으니 참고하세요.
예) when I am free

Related Words

#spare time (여가 시간) #interest (관심) #available (시간이 되는)

Example Sentences

- I read books in my free time. = 여가 시간에 책을 읽었어요.
- I do volunteer work in my free time. = 난 여가 시간에 자원봉사를 해.
- What do you do in your free time? = 여가 시간에 뭐 해?
- Teddy works out in his free time. = Teddy는 여가 시간에 운동을 해.
- Kelly studies English in her free time. = Kelly는 여가 시간에 영어를 공부해.

3 in the morning

새벽 3시

Mayu Says

시간을 말할 때 정오가 되기 전에는 모두 in the morning이라고 표현합니다. 한국어에서 새벽, 오전, 아침을 구분하는 것과 다르죠. 시간을 달리해서 응용해보세요!

Related Words

#dawn (새벽) #noon (정오) #wake-up call (모닝콜)

Example Sentences

- Someone called me at 3 in the morning. = 누군가가 새벽 3시에 전화했어.
- I woke up at 5:30 in the morning. = 나 새벽 5시 반에 깼어.
- It's still 10 in the morning. = 아직 오전 10시야.
- Wake me up at 7 in the morning. = 아침 7시에 나 좀 깨워줘.
- He came home at 2 in the morning. = 걔는 새벽 2시에 집에 왔어.

make a mistake
실수를 하다

Mayu Says

형용사로 꾸며주어 어떤 실수인지를 나타낼 수도 있습니다. 예) a silly mistake
mistake를 동사로 쓰면 뭔가를 오해한다는 의미로 바뀝니다.

Related Words

#mistakenly (실수로) #fault (잘못) #unintentionally (고의 아니게)

Example Sentences

- I made a mistake. = 나 실수를 했어.
- Tina made a huge mistake. = Tina는 엄청 큰 실수를 했어.
- We made a silly mistake. = 우린 실없는 실수를 했어.
- Don't make the same mistake again. = 다시는 같은 실수하지 마.
- I won't make that mistake again. = 그런 실수는 다시 하지 않을 거야.

fold clothes

옷을 개다

Mayu Says

fold의 과거형은 feld가 아니라 folded입니다. fold 대신 fold up을 쓰기도 해요.

Related Words

#laundry (빨래) #hand-wash (손세탁하다) #washing machine (세탁기)

Example Sentences

- I will fold the clothes. = 내가 옷 갤게.
- My husband never folds his clothes. = 내 남편은 절대 자기 옷을 안 개.
- Can you fold these shirts? = 이 셔츠 좀 개줄 수 있니?
- I know how to fold clothes fast. = 나 옷 빨리 개는 법 알아.
- I already folded my clothes. = 저 벌써 제 옷 갰어요.

for good

완전히, 영원히

Mayu Says

good은 명사로 '선'이란 뜻도 되지만 그렇다고 이 표현이 '선을 위한'이
라는 의미는 아닙니다. permanently(영구적으로)를 조금 더 캐주얼하게
바꾼 표현이라고 보면 되겠습니다.

Related Words

#indefinitely (무기한으로) #temporarily (일시적으로) #forever (영
원히)

Example Sentences

- I am back for good. = 나 완전히 돌아온 거야.
- Are you back for good? = 너 완전히 돌아온 거니?
- We will be friends for good. = 우린 영원히 친구일 거야.
- Dana is gone for good. = Dana는 완전히 떠났어.
- It's going to haunt you for good. = 그건 영원히 네 뇌리에서 떠나지
  않을 거야.

Week 38

for lunch

점심으로

Mayu Says

점심으로 무엇을 먹는지 혹은 요리하는지 등을 표현할 때 유용합니다.
lunch 대신 breakfast, dinner, dessert 등을 넣어 응용해보세요.

Related Words

#meal (식사) #main dish (주요리) #appetizer (애피타이저)

Example Sentences

- What should we have for lunch? = 우리 점심으로 뭘 먹어야 할까?
- Mom, what's for lunch? = 엄마, 점심 식사는 뭐예요?
- Let's eat something special for dinner. = 저녁으로 뭔가 특별한 걸 먹자.
- Who eats fried chicken for breakfast? = 아침으로 누가 프라이드 치킨을 먹어?
- What would you like for dessert? = 디저트로 무엇을 원하시나요?

go to bed
잠자리에 들다

Mayu Says

여기서 bed는 물리적인 침대가 아니라 '잠자리'라는 개념이므로 관사를 쓰지 않습니다.

bed 대신 sleep을 써도 좋습니다.

Related Words

#at night (밤에) #bedsheet (침대시트) #nightmare (악몽)

Example Sentences

- Go to bed, kids. = 얘들아, 잠자리에 들어라.
- Let's go to bed now. = 이제 잠자리에 들자.
- I went to bed late last night. = 나 어젯밤 늦게 잠자리에 들었어.
- What time did you go to bed? = 몇 시에 잠자리에 들었는데?
- Go to sleep, honey. = 자기야, 잠자리에 들어.

get out of bed
이불에서 나오다

Mayu Says

잠을 깨는 것 자체는 wake up이지만 실제로 이불에서 나오는 것은 get out of bed를 씁니다. get up(일어나다)과 비슷한 의미이지만 조금 더 강한 말투라고 볼 수 있습니다.

Related Words

#sleepyhead (잠꾸러기) #oversleep (늦잠을 자다) #get up (일어나다)

Example Sentences

- Get out of bed! = 이불에서 나와!
- Gosh⋯. She won't get out of bed. = 어휴⋯. 걔는 이불에서 나올 생각을 안 해.
- It was so hard to get out of bed. = 이불에서 나오기가 엄청 힘들었어.
- Get out of bed, or else you will be late! = 이불에서 안 나오면 너 늦을 거야!
- I somehow got out of bed. = 어떻게든 이불에서 나오긴 했어.

get up
일어나다

Mayu Says

잠을 깬 후 잠자리에서 벗어난다는 의미도 되지만, 단순히 앉아 있거나 누워 있다가 자리에서 일어난다는 말도 됩니다.

Related Words

#stand up (일어서다) #movement (움직임) #rise (오르다)

Example Sentences

- I got up at 8. = 나 8시에 일어났어.
- What time did you get up? = 너 몇 시에 일어났어?
- We have to get up early tomorrow. = 우리 내일 일찍 일어나야 해.
- Get up and move. = 일어나서 움직여.
- I will help you get up. = 일어나는 거 도와드릴게요.

for the first time
처음으로

Mayu Says

이 표현 전체를 부사 덩어리로 사용할 수 있습니다.
뒤에 in one's life(인생에서) / in ○○ years(○○년 만에) 등을 추가해줘
도 좋습니다.

Related Words

#new (새로운) #inexperienced (경험이 부족한) #novice (초보자)

Example Sentences

- I tried kimchi for the first time. = 나 처음으로 김치 먹어봤어.
- Kate kissed someone for the first time. = Kate는 처음으로 누군
  가와 키스했어.
- Mayu cooked for me for the first time. = 마유가 처음으로 날 위해
  요리했어.
- I am studying English for the first time in my life. = 내 인생 처음
  으로 영어 공부 중이야.
- Smoking among men is decreasing for the first time in 10
  years. = 남성의 흡연율이 10년 만에 처음으로 줄고 있습니다.

at first
처음에는

Mayu Says
이 표현 자체가 나중에는 상황이 달라짐을 암시합니다.
in the beginning도 비슷한 의미의 표현입니다.

Related Words
#twist (반전) #initially (처음에) #progress (과정)

Example Sentences
- At first, I was really shy. = 처음에는 나 엄청 수줍었어.
- At first, I didn't like you. = 처음에는 널 안 좋아했어.
- We were quite happy at first. = 우리 처음에는 꽤 행복했어.
- I was going to forgive him at first. = 나 처음에는 걔를 용서하려고 했어.
- At first, everything went smoothly. = 처음에는 모든 게 매끄럽게 진행됐지.

in the first place
애당초에

Mayu Says

이 표현은 should have p.p.(~했어야 했다)라는 패턴과 아주 잘 어울립니다.

비슷하게는 from the beginning이 있습니다.

Related Words

#regret (후회하다) #wistful (아쉬워하는) #past (과거)

Example Sentences

- I should have told you in the first place. = 애당초 너한테 말했어야 했는데.
- I shouldn't have met you in the first place. = 애당초 널 만나지 말았어야 했어.
- You should have fired him in the first place. = 애당초에 그를 해고했어야 했어.
- You didn't like me in the first place. = 애당초 절 안 좋아했잖아요.
- They didn't want to hire me in the first place. = 애당초 그들은 날 고용하고 싶어 하지 않았어.

Week 39

participate in something
~에 참여하다

Mayu Says

participate은 attend(참석하다)를 넘어서 활동에 실제로 참여한다는 말입니다.
비슷하게는 take part in something이 있습니다.

Related Words

#involvement (관여) #role (역할) #commitment (헌신)

Example Sentences

- I participated in the activity. = 난 그 활동에 참여했어.
- I want to participate in the project. = 그 프로젝트에 참여하고 싶어.
- Would you like to participate in our survey? = 저희 설문조사에 참여하고 싶으신가요?
- I don't want to participate in it. = 그것에 참여하고 싶지 않아요.
- She never participates in anything. = 걔는 그 어떤 것에도 절대 참여 안 해.

swing by
~에 잠깐 들르다

Mayu Says

어디에 들르는지 쓰려면 뒤에 추가 전치사 없이 바로 장소를 넣어줍니다.
비슷하게는 stop by, drop by 등이 있습니다.

Related Words

#briefly (짧게) #visit (방문하다) #casually (캐주얼하게)

Example Sentences

- Do you want to swing by? = 잠깐 들를래?
- I will swing by in the afternoon. = 오후에 잠깐 들를게.
- She swung by my office. = 그녀는 내 사무실에 잠깐 들렀어.
- What time can you swing by? = 너 몇 시에 잠깐 들를 수 있어?
- I have to swing by the post office. = 나 우체국에 잠깐 들러야 해.

have fun

재미있는 시간을 보내다

Mayu Says

정말 재미있는 시간이라고 강조하려면 a lot of fun 혹은 so much fun을 써도 좋습니다.

비슷하게는 have a good time과 have a blast가 있습니다.

Related Words

#excitement (흥분) #entertainment (오락) #leisure (여가)

Example Sentences

- Have fun! = 재미있는 시간 보내!
- I had fun with them! = 난 걔네랑 재미있는 시간을 보냈어.
- We had a lot of fun there. = 우리 거기서 엄청 재미있는 시간 보냈어.
- I had so much fun with you. = 당신이랑 엄청 재미있는 시간 보냈어요.
- You will have fun. = 넌 재미있는 시간을 보낼 거야.

pick someone up
~를 픽업하다

Mayu Says

오토바이나 자동차 등의 탈것에 태운다는 말입니다.
어디에서 태우는지 쓰려면 뒤에 from 혹은 at을 추가하세요.

Related Words

#departure (출발) #ride (탈것) #vehicle (차량)

Example Sentences

- Pick me up at 7. = 7시에 날 픽업해줘.
- I can pick you up after work. = 내가 퇴근하고 널 픽업해줄 수 있어.
- I will pick you up from the hotel. = 호텔에서 널 픽업할게.
- Dad picked me up from the airport. = 아빠가 공항에서 날 픽업했어.
- Pick me up at my office. = 내 사무실에서 날 픽업해줘.

give someone a ride
~를 데려다주다

Mayu Says

오토바이나 자동차 등의 탈것으로 데려다준다는 말입니다.
어디로 데려다주는지 쓰려면 뒤에 to를 추가하세요.

Related Words

#travel (이동하다) #by car (차로) #on foot (도보로)

Example Sentences

- Give me a ride. = 나 데려다줘.
- Can you give me a ride to school? = 저 좀 학교에 데려다줄 수 있어요?
- I will give you a ride to the airport. = 내가 널 공항에 데려다줄게.
- Johnny gave me a ride. = Johnny가 날 데려다줬어.
- Who gave you a ride to the hotel? = 누가 널 호텔에 데려다줬니?

drop someone off
~를 내려주다

Mayu Says

오토바이나 자동차 등의 탈것으로 데려다준 후에 내려준다는 말입니다. 어디에 내려주는지 쓰려면 뒤에 at(~에) / in front of(~의 앞에) / behind(~의 뒤에) 등을 추가합니다.

Related Words

#cab (택시) #limo (리무진) #destination (목적지)

Example Sentences

- Drop me off at the post office. = 절 우체국에 내려주세요.
- Drop me off near the park. = 절 그 공원 근처에 내려주세요.
- I will drop you off behind the building. = 그 건물 뒤에 내려줄게.
- They dropped me off in front of the hotel. = 그들이 날 그 호텔 앞에 내려줬어.
- Where should I drop you off? = 어디에 내려드려야 할까요?

walk A to B
A를 B까지 걸어서 데려다주다

Mayu Says

여기서 B가 here, there, home 등이면 to를 뺍니다.
A에 동물을 넣으면 산책시킨다는 의미가 됩니다(이때는 to B 생략).

Related Words

#accompany (동행하다) #manners (매너) #kind (친절한)

Example Sentences

- Let me walk you home. = 집까지 걸어서 데려다줄게.
- I can walk him to her place. = 내가 그를 그녀가 사는 곳까지 걸어서 데려다줄 수 있어.
- Can you walk me home? = 저 집까지 걸어서 데려다줄 수 있어요?
- Let me walk you to the door. = 문까지 걸어서 모셔다드릴게요.
- I am walking my dog. = 나 우리 개 산책시키고 있어.

Week 40

be mad at someone

~에게 화가 나 있다, ~에게 화를 내다

Mayu Says

mad는 미쳤다는 의미도 되지만 화가 나 있다는 의미로 더 많이 씁니다.
조금 더 심하게 화가 났다고 할 땐 angry를 쓰세요.

Related Words

#furious (분노하는) #rage (분노) #upset (기분이 상한)

Example Sentences

- I am mad at them. = 난 걔네한테 화났어.
- Are you mad at me? = 너 나한테 화났어?
- Don't be mad at us. = 우리한테 화내지 마.
- She is always mad at something. = 걔는 항상 뭔가에 화가 나 있어.
- Your parents are not mad at you. = 너의 부모님은 너한테 화나지
  않았어.

look after someone

~를 돌보다

Mayu Says

사람이나 동물 등을 돌본다는 의미로 사용합니다. 비슷한 의미의 take care of와는 달리, 어떤 상황을 처리한다는 의미로는 쓰지 않습니다.

Related Words

#care (돌봄) #nursing home (양로원) #support (부양하다)

Example Sentences

- She is looking after her father. = 그녀는 자기 아버지를 돌보고 있어.
- I will look after your dog. = 내가 너의 개를 돌볼게.
- Please look after her after I am gone. = 내가 떠난 후에 그녀를 돌봐줘.
- He had to look after three children. = 그는 세 아이를 돌봐야만 했어.
- Who is going to look after me? = 누가 날 돌볼 거니?

look for something
~을 찾다

Mayu Says

look for는 뭔가를 찾는 과정에 집중하는 표현입니다.
반면, find는 이미 찾아낸 결과에 집중하는 표현이에요.

Related Words

#search (찾아보다) #discover (발견하다) #watch (잘 살펴보다)

Example Sentences

- Look for it. = 그걸 찾아.
- I am looking for a job. = 전 일자리를 찾고 있어요.
- Are you looking for something? = 뭔가를 찾고 계신가요?
- Your mom was looking for you. = 너희 엄마가 널 찾고 계셨어.
- I hope you find what you are looking for. = 찾고 계신 걸 찾아내시
  길 바랍니다.

on one's way
가는 중인, 가는 중에

Mayu Says

상황에 따라 one's 대신 the를 넣어도 의미가 통합니다.
어디에 가는 중인지 쓰려면 뒤에 to를 추가해주세요. *here, there, home 등
앞에는 to를 넣지 않음.

Related Words

#return (돌아오다) #distance (거리) #directions (길 안내)

Example Sentences

- I am on my way. = 나 가는 중이야.
- We are on our way. = 우리 가는 중이야.
- Cindy is on her way to the hospital. = Cindy는 병원에 가는 중이야.
- Are you on your way here? = 너 여기 오는 중이니?
- They are on their way to the concert hall. = 걔네는 그 콘서트장
  에 가는 중이야.

by the way
그나저나

Mayu Says

보통 문장 맨 앞에 추가해서 화제를 바꿀 때 유용하게 씁니다.
캐주얼한 글에서는 줄여서 BTW라고도 쓰는데, 읽을 땐 by the way로
읽습니다.

Related Words

#change (바꾸다) #subject (주제) #divert (전환시키다)

Example Sentences

- By the way, I won't be there. = 그나저나, 난 거기 없을 거야.
- By the way, I have something to tell you. = 그나저나, 너한테 할 말이 있어.
- By the way, she is waiting for your call. = 그나저나, 걔가 네 전화를 기다리고 있어.
- By the way, it's not my fault. = 그나저나, 그거 내 잘못 아니야.
- By the way, I bought the book. = 그나저나, 나 그 책 샀어.

be tired of something
~이 지긋지긋하다

Mayu Says

일이나 사람이 짜증 나거나 질린다고 할 때 사용합니다.
좀 더 강하게 말하려면 tired 대신 sick 혹은 sick and tired를 써주세요.

Related Words

#complaint (불평) #frustration (좌절) #annoyed (짜증 난)

Example Sentences

- I am tired of him. = 난 그가 지긋지긋해.
- I am tired of your lies. = 난 네 거짓말이 지긋지긋해.
- We are tired of his lame jokes. = 우린 그의 형편없는 농담이 지긋
  지긋해.
- Aren't you tired of it? = 넌 그것에 질리지 않니?
- I am sick and tired of you! = 난 네가 정말 지긋지긋해!

be good at something
~을 잘하다

Mayu Says

어떤 과목에서 성적이 잘 나온다고 할 땐 at 대신 in을 쓰기도 합니다. 물건을 잘 다룬다고 할 땐 at 대신 with를 쓰세요!

Related Words

#competent (유능한) #skilled (능숙한) #familiar (친숙한)

Example Sentences

- I am good at basketball. = 나 농구 잘해.
- She is good at product design. = 걔는 제품 디자인을 잘해.
- What are you good at? = 넌 뭘 잘해?
- I am not good at anything. = 난 잘하는 게 없어.
- Brian is good in math. = Brian은 수학을 잘해.

Week 41

the other day
지난번에

Mayu Says
비교적 가까운 과거의 불특정한 어떤 날을 나타낼 때 유용합니다.
밤이있다는 걸 강조하고 싶다면 day만 night으로 바꾸세요.

Related Words
#before (전에) #in the past (과거에) #storytelling (이야기하기)

Example Sentences
- I met up with Mayu the other day. = 나 지난번에 마유랑 만났어.
- I saw Emma the other day. = 나 지난번에 Emma 봤어.
- I was on my way to work the other day. = 나 지난번에 일하러 가고 있었는데.
- I ran into your girlfriend the other night. = 나 지난밤에 네 여자친구와 마주쳤어.
- I was in LA the other day. = 나 지난번에 LA에 있었는데.

DAY 282

get a haircut

머리를 자르다

Mayu Says

직접 잘랐다는 말일 수도 있고 미용실에서 잘랐다는 말일 수도 있습니다. 미용실에서 자른 것을 확실히 하려면 get one's hair cut을 쓰세요.

Related Words

#hairdo (머리 모양) #grooming (몸단장) #hair salon (미용실)

Example Sentences

- I got a haircut. = 나 머리 잘랐어.
- Did you get a haircut? = 너 머리 잘랐니?
- I should get a haircut soon. = 나 곧 머리 잘라야겠어.
- It's time you got a haircut. = 너 머리 자를 때 됐다.
- I got my hair cut here. = 나 여기서 머리 잘랐어.

in front of something

~앞에, ~앞에 있는

Mayu Says

조금 더 형식적이거나 시적인 느낌을 주려면 in front of 대신 before를
쓰기도 합니다.
in front만 쓰면 부사로 '앞에'라는 뜻이 됩니다.

Related Words

#ahead (앞으로) #behind (뒤에) #location (위치)

Example Sentences

- I am in front of your house. = 나 너희 집 앞에 있어.
- She is standing in front of us. = 그녀가 우리 앞에 서 있어.
- Wait in front of the parking lot. = 그 주차장 앞에서 기다려.
- I live in front of the police station. = 나 그 경찰서 앞에 살아.
- She stood before the King. = 그녀가 왕 앞에 섰다.

next to something

~옆에, ~옆에 있는

Mayu Says

next to 대신 beside를 사용해도 좋습니다.
next to를 발음할 때는 "넥스투"라고 연결해서 발음하세요.

Related Words

#around (주위에) #beside (옆에) #immediate (근접한)

Example Sentences

- Her office is next to mine. = 그녀의 사무실은 내 사무실 옆에 있어.
- Someone is standing next to me. = 누가 내 옆에 서 있어.
- I parked next to your car. = 나 네 차 옆에 주차했어.
- Don't sit next to me. = 내 옆에 앉지 마.
- Who is it next to you? = 네 옆에 누구야?

behind something
~뒤에, ~뒤에 있는

Mayu Says

behind는 hi 쪽에 강한 강세를 주는데 종종 "버하인드"처럼 들리기도 합니다.
'바로 뒤에'라고 강조할 땐 behind 앞에 right을 추가합니다.

Related Words

#rear (뒤쪽) #behind-the-scenes (비하인드의) #unseen (눈에 보이지 않는)

Example Sentences

- My bike is behind yours. = 내 자전거는 네 거 뒤에 있어.
- I am right behind you. = 나 네 바로 뒤에 있어.
- They are chasing behind us. = 그들이 우리 뒤에서 쫓아오고 있어.
- I will wait behind you. = 네 뒤에서 기다릴게.
- It happened behind the building. = 그건 그 건물 뒤에서 벌어졌어.

around the corner

임박한

Mayu Says

뭔가가 임박했음을 더 강조하기 위해 around 앞에 just를 추가하기도 합
니다.

단순히 다가오고 있다고 할 땐 coming up(다가오고 있는)을 씁니다.

Related Words

#soon (곧) #upcoming (다가오는) #immediate (즉시의)

Example Sentences

- Christmas is around the corner. = 크리스마스가 임박했습니다.

- A brand-new year is around the corner. = 새로운 해가 임박했
어요.

- Thanksgiving is just around the corner. = 추수감사절이 매우 임박
했어요.

- Good times are just around the corner. = 좋은 시기가 매우 임박
했습니다.

- My birthday is coming up. = 내 생일이 다가오고 있어.

come up with something
~을 생각해내다

Mayu Says

아이디어 등을 생각해내거나 물건을 발명해낸다는 의미입니다. 또한 자금 등을 구해온다는 의미도 됩니다.

Related Words

#genius (천재) #invent (발명하다) #fund (자금)

Example Sentences

- I came up with the idea. = 내가 그 아이디어 생각해냈어.
- Frank came up with a stupid idea. = Frank가 멍청한 아이디어를 생각해냈어.
- We should come up with a plan. = 우리 계획을 생각해내야겠어.
- Whoever came up with this is a genius. = 이걸 누가 생각했는지는 몰라도 천재야.
- I have to come up with some money. = 나 돈 좀 구해와야 해.

Week 42

write down something
~을 적다, ~을 받아 적다

Mayu Says

비슷하게는 take down, put down, jot down 정도가 있습니다.
something 자리에 대명사를 넣을 거라면 write down 사이에 넣으
세요.

Related Words

#copy (베끼다) #record (기록하다) #a piece of paper (종이 한 장)

Example Sentences

- Write down your name. = 이름을 적으세요.
- Write this down. = 이걸 받아 적어.
- Did you write it down? = 너 그거 받아 적었어?
- Let's write down the address. = 그 주소를 받아 적자.
- Write down what he is saying. = 그가 말하고 있는 걸 받아 적어.

brag about something
~을 떠벌리다

Mayu Says

단순히 자랑한다는 느낌이 아니라 너무 과하게 얘기해서 파증 난다는 부정적인 뉘앙스입니다. show off(뽐내다)와는 달리 보여주는 것이 아니라 말로 하는 자랑입니다.

Related Words

#boast (자랑하다) #arrogant (건방진) #humble (겸손한)

Example Sentences

- Stop bragging about it. = 그거 좀 그만 떠벌려.
- He is bragging about his success. = 걔는 자기의 성공을 떠벌리고 있어.
- Can you not brag about your money? = 네 돈을 좀 떠벌리지 않으면 안 되겠니?
- Chris kept bragging about it. = Chris는 그걸 계속 떠벌렸어.
- The rapper bragged about his wealth. = 그 래퍼는 자신의 부를 떠벌렸어.

thanks to someone
~덕분에

Mayu Says

because of(~때문에)보다 고마움의 뉘앙스를 확실히 연출해줍니다. 문맥에 따라 비꼬는 말투로 쓰일 수도 있습니다.

Related Words

#gratitude (고마움) #grateful (고마워하는) #appreciation (감사)

Example Sentences

- Thanks to you, I got an A. = 네 덕에 A 받았어.
- Thanks to Mayu, I now speak good English. = 마유 덕에 나 이제 영어 잘해.
- Thanks to their support, he has become a superstar. = 그들의 성원 덕에 그는 대스타가 됐어.
- I was able to pass it thanks to you. = 네 덕에 그걸 패스했어.
- Thanks to you, now I am in trouble! = 네 덕에 나 지금 큰일 났어!

out of nowhere

불현듯

Mayu Says

기대하지 못한 일이 갑자기 벌어졌음을 표현해줍니다.
비슷하게는 out of the blue가 있습니다.

Related Words

#suddenly (갑자기) #unexpectedly (예상치 못하게) #shocking (충격적인)

Example Sentences

- A rabbit appeared out of nowhere. = 토끼가 불현듯 나타났어.
- She rose to fame out of nowhere. = 그녀는 불현듯 명성을 얻었어.
- A van came out of nowhere. = 승합차가 불현듯 왔어.
- Out of nowhere, they came out with a new product. = 불현듯, 그들은 신상품을 가지고 나왔어.
- He proposed to me out of nowhere. = 그가 불현듯 내게 청혼했어.

at the last minute
막판에

Mayu Says

이 표현 전체를 부사로 사용하며, 갑작스러운 변동 사항을 말할 때 유용합니다. last-minute(막판의)이라는 형용사도 함께 알아두세요.
예) last-minute change

Related Words

#annoying (짜증 나는) #change of plans (계획 변동) #minute (순간)

Example Sentences

- I changed my mind at the last minute. = 난 막판에 마음이 바뀌었어.
- They cancelled the reservation at the last minute. = 걔네는 막판에 예약을 취소했어.
- He gave me work at the last minute. = 그는 내게 막판에 일을 줬어.
- They postponed the game at the last minute. = 그들은 막판에 그 경기를 연기했어.
- She notified me of it at the last minute. = 그녀가 그걸 저에게 막판에 알려줬어요.

remind someone about something

~에게 ~에 대해 다시 알려주다

Mayu Says

예정된 약속을 기억하게끔 나중에 말이나 메시지로 다시 알려준다는 의미입니다.

remind는 말 그대로 re(다시) mind(마음)에 넣어준다는 뜻입니다.

Related Words

#remember (기억하다) #reassure (안심시키다) #secretary (비서)

Example Sentences

- Remind me about the appointment later. = 그 예약에 대해 나중에 나한테 다시 알려줘.
- Can you remind me about the plan? = 그 계획에 대해 나한테 다시 알려줄 수 있어?
- I will remind you about that. = 내가 그것에 대해 다시 알려줄게.
- I forgot to remind her about the meeting. = 걔한테 그 회의에 대해 다시 알려주는 걸 잊었네.
- Remind me about the ring. = 나한테 그 반지에 대해 다시 알려줘.

remind someone of something
~에게 ~이 생각나게 하다

Mayu Says

remind about처럼 예정된 약속을 기억하게끔 나중에 다시 알려준다는 의미로 쓰기도 하지만, 대부분은 과거의 일이나 알고 지내던 사람을 상기시킨다는 뜻으로 씁니다.

Related Words

#memories (추억) #past (과거) #reminisce (추억에 잠기다)

Example Sentences

- You remind me of my son. = 넌 나에게 내 아들이 생각나게 해.
- She reminds me of my daughter. = 그녀는 나에게 내 딸이 생각나게 해.
- It reminds us of our college days. = 그건 우리 대학 시절이 생각나게 해.
- Mayu reminds me of one of my friends. = 마유는 내 친구 중 한 명이 생각나게 해.
- Do I remind you of someone? = 제가 당신에게 누군가가 생각나게 하나요?

Week 43

give someone a break
~를 좀 봐주다

Mayu Says

누군가를 힘들게 하는 것을 멈춘다는 표현입니다.
비슷한 표현으로는 cut someone some slack이 있습니다.

Related Words

#generous (관대한) #harass (괴롭히다) #beg (빌다)

Example Sentences

- Oh, give me a break···. = 오, 좀 봐주라···.
- Can't you give me a break? = 나 좀 봐주면 안 되겠니?
- Give the poor guy a break. = 그 불쌍한 사람 좀 봐줘요.
- Give your sister a break. = 네 언니 좀 그만 힘들게 해.
- The cop gave me a break. = 그 경찰이 날 봐줬어.

breathe in
들이쉬다

Mayu Says

조금 더 형식적인 유의어로는 inhale이 있습니다.
반대로, 내쉰다고 할 땐 breathe out을 쓰세요.

Related Words

#breath (숨) #Pilates (필라테스) #oxygen (산소)

Example Sentences

- Breathe in and breathe out. = 들이쉬고 내쉬세요.
- Breathe in slowly. = 천천히 들이쉬세요.
- Try not to breathe in too quickly. = 너무 빨리 들이쉬지 않으려고 해보세요.
- It hurts when I breathe in. = 들이쉬면 아파요.
- The patient breathed in deeply. = 그 환자는 깊게 들이쉬었어.

by accident
의도치 않게, 우연히

Mayu Says

accident(사고)는 의도치 않게 일어난다고 생각하면 잘 외워집니다.
비슷하게는 accidentally, unintentionally, by chance 정도기 있습니다.

Related Words

#intention (의도) #willingness (의지) #purposely (고의로)

Example Sentences

- I dropped my phone by accident. = 난 의도치 않게 내 전화기를 떨어뜨렸어.
- Someone hit my car by accident. = 누군가가 의도치 않게 내 차를 쳤어.
- I ran into her by accident. = 난 우연히 그녀를 마주쳤어.
- She clicked the button by accident. = 걔는 의도치 않게 그 버튼을 클릭했어.
- I read the email by accident. = 난 의도치 않게 그 이메일을 읽었어.

laugh out loud
소리 내어 웃다

Mayu Says

out loud는 aloud와 마찬가지로 소리를 낸다는 의미입니다. loudly는 비슷해 보이지만 큰 소리를 낸다는 의미입니다.

Related Words

#smile (미소를 짓다) #giggle (키득대다) #funny (웃긴)

Example Sentences

- I laughed out loud. = 난 소리 내어 웃었어.
- I couldn't stop laughing out loud. = 소리 내어 웃는 걸 멈추질 못하겠더라고.
- She is laughing out loud rolling on the floor. = 그녀는 바닥에서 뒹굴며 소리 내어 웃고 있어.
- The audience laughed out loud. = 그 관객들은 소리 내어 웃었어.
- I stifled the urge to laugh out loud. = 난 소리 내어 웃고 싶은 욕구를 억눌렀어.

in tears
눈물을 흘리며

Mayu Says

이 표현을 일반동사와 섞으면 눈물을 흘리며 어떤 행동을 하는지까지 한 꺼번에 표현할 수 있습니다.

눈물을 흘린다는 동사로는 shed tears와 drop tears가 있습니다.

Related Words

#cry (울다) #regret (후회) #agony (고통)

Example Sentences

- She prayed in tears. = 그녀는 눈물을 흘리며 기도했어.
- He begged in tears. = 그는 눈물을 흘리며 빌었어.
- The poor man burst out in tears. = 그 불쌍한 남자는 갑자기 눈물을 흘리며 소리쳤어.
- They left the stadium in tears. = 그들은 눈물을 흘리며 그 경기장을 떠났어.
- Sherry broke down in tears. = Sherry는 눈물을 흘리며 무너졌어.
  = Sherry는 울음을 터뜨렸어.

get away with something
~을 저지르고 그냥 넘어가다

Mayu Says

여기서 something은 주어가 저지른 잘못입니다. 그런 짓을 저지르고도 죗값을 안 치르고 얼렁뚱땅 벗어난다(get away)는 말이죠.

Related Words

#escape (탈출하다) #go away (사라지다) #avoid (피하다)

Example Sentences

- You won't get away with this. = 너 이런 일을 저지르고는 그냥 못 넘어가.
- He is trying to get away with it. = 그가 그런 일을 저지르고도 그냥 넘어가려고 하고 있어.
- No one got away with it. = 아무도 그런 일을 저지르고는 그냥 넘어가지 못했어.
- Some of them got away with murder! = 그들 중 몇 명은 살인을 저지르고도 그냥 넘어갔습니다!
- She won't get away with what she did. = 그녀는 자기가 한 일을 가지고는 그냥 넘어가지 못할 거야.

according to something
~에 따르면

Mayu Says

something 대신 someone을 써도 되는데 그런 경우엔 '~의 말에 따르면' 정도로 해석됩니다.
일반적으로 문장 맨 앞에 comma와 함께 추가합니다.

Related Words

#research (조사) #accordingly (그에 따라) #basis (근거)

Example Sentences

- According to Mayu, grammar is very important. = 마유의 말에 따르면, 문법은 아주 중요해.
- According to the statement, it's just a rumor. = 그 성명에 따르면, 그건 그냥 소문입니다.
- According to some experts, it could be dangerous. = 전문가들에 따르면, 그건 위험할 수도 있습니다.
- According to Dr. Baek, stress causes cancer. = 백 박사님의 말씀에 따르면, 스트레스는 암을 유발합니다.
- According to one study, drinking coffee is not a bad idea. = 한 연구에 따르면, 커피를 마시는 건 나쁜 방법이 아닙니다.

Week 44

be busy with something
~으로 바쁘다

Mayu Says

something의 자리에 무엇으로 바쁜지를 명사로 넣어주면 됩니다.
어떤 행동을 하느라 바쁘다고 할 땐 be busy doing something이라고
쓰세요.

Related Words

#tight (빡빡한) #available (시간이 되는) #occupied (바쁜)

Example Sentences

- I am busy with work. = 나 일로 바빠.
- She is busy with her homework. = 걔는 숙제로 바빠.
- I have been busy with many things. = 난 많은 일로 바쁘게 지내
  왔어.
- Jessica is busy doing the dishes. = Jessica는 설거지하느라 바빠.
- They are busy playing a video game. = 걔네는 비디오 게임 하느
  라 바빠.

compared to something

~과 비교했을 때

Mayu Says

comparing이 아니라 무조건 compared를 사용해야 합니다.
compared to는 than(~보다)이라는 단어와는 달리 비교급 형용사와 함께 사용하지 않습니다.

Related Words

#comparison (비교) #contrast (대조) #opposite (반대인)

Example Sentences

- Compared to your car, mine is fast. = 네 차랑 비교했을 때, 내 건 빨라.
- English is easy compared to Korean. = 영어는 한국어랑 비교했을 때 쉬워.
- Your room is big compared to mine. = 네 방은 내 방이랑 비교했을 때 커.
- My wife is tall compared to me. = 내 아내는 나랑 비교했을 때 키가 커.
- Compared to the pain I am going through, yours is nothing. = 내가 겪고 있는 고통과 비교했을 때 네 건 아무것도 아니야.

focus on something
~에 집중하다

Mayu Says

focus를 발음할 때는 cus 부분에 힘을 빼서 "크스"처럼 발음합니다.
focus 대신 concentrate을 써도 좋습니다.

Related Words

#concentration (집중) #effort (노력) #attention (관심)

Example Sentences

- Focus on your goal. = 네 목표에 집중해.
- Let's focus on marketing. = 홍보에 집중합시다.
- We should focus on this topic. = 우리 이 토픽에 집중해야겠어.
- You should focus on your strengths. = 네 강점에 집중해야 해.
- Why don't you focus on something else? = 다른 것에 집중하는 게 어때?

work one's butt off

미친 듯이 일하다

Mayu Says

엉덩이(butt)가 빠질 정도로(off) 힘들게 일한다는 캐주얼한 표현입니다.
butt 대신 socks를 쓰기도 합니다.

Related Words

#hardworking (열심히 하는) #diligent (성실한) #exhausted (지친)

Example Sentences

- I am working my butt off. = 미친 듯이 일하는 중이야.
- I worked my butt off to get a promotion. = 승진하려고 미친 듯이 일했어.
- He worked his butt off to get a raise. = 그는 봉급 인상을 받으려고 미친 듯이 일했어.
- We worked our butts off to satisfy the CEO. = 우린 대표님을 만족시키려고 미친 듯이 일했어.
- I have been working my butt off at work. = 나 회사에서 미친 듯이 일해오고 있어.

DAY 306

meet up with someone
~와 만나다

Mayu Says

meet up with는 보통 캐주얼한 만남에 많이 씁니다.
반면에 meet with는 비교적 진지한 논의 등을 히기 위해 만날 때 많이
씁니다.

Related Words

#hang out (놀다) #get together (모이다) #chitchat (수다)

Example Sentences

- I met up with Johnny the other day. = 나 저번에 Johnny랑 만
  났어.
- I am going to meet up with my friends. = 나 친구들이랑 만날 거야.
- She is meeting up with her coworkers tomorrow. = 걔 내일 자기
  동료들이랑 만나.
- I can't meet up with you girls today. = 나 너희랑 오늘 못 만나.
- Do you guys want to meet up? = 너희 만날래?

slow down
속도를 늦추다

Mayu Says

여기서 slow는 형용사가 아니라 일반동사입니다.
반대로, 속도를 낸다고 할 땐 speed up을 씁니다.

Related Words

#speed (속도) #decrease (줄이다) #skid (미끄러지다)

Example Sentences

- Slow down, man. = 속도를 늦춰. = 더 천천히 해.
- I want you to slow down a bit. = 약간 속도를 늦추길 바랍니다.
- Slow down. We still have time. = 속도를 늦춰. 우리 아직 시간 있어.
- The car slowed down. = 그 차가 속도를 늦췄어.
- The plane slowed down before landing. = 그 비행기는 착륙 전에 속도를 늦췄어.

compliment someone
~를 칭찬하다

Mayu Says

compliment는 '칭찬'이라는 명사로 쓰기도 합니다.
무엇에 대해 칭찬하는지 쓰려면 뒤에 on을 추가하세요.

Related Words

#praise (칭찬하다) #respect (존중) #insult (모욕하다)

Example Sentences

- Mayu complimented me. = 마유가 날 칭찬했어.
- The dancer complimented me on my skills. = 그 댄서가 내 실력에 대해 날 칭찬했어.
- My boss complimented me on my work. = 내 상사가 내 일에 대해 날 칭찬했어.
- The director complimented her on her voice. = 그 감독은 그녀의 목소리에 대해 그녀를 칭찬했어.
- They complimented the chef on the food. = 그들은 그 음식에 대해 그 주방장을 칭찬했어.

Week 45

be excited about something

~때문에 신나 있다, ~때문에 흥분해 있다

Mayu Says

excited는 신나고 흥분한 상태를 표현하는데 특히 뭔가 벌어지기 전의 기대감을 말할 때 많이 씁니다.
더욱 어감이 강한 thrilled는 특히 이미 벌어진 일에 대한 흥분감을 말할 때 많이 씁니다.

Related Words

#anticipation (고대) #event (행사) #nervous (긴장한)

Example Sentences

- I am excited about the concert. = 나 그 콘서트 때문에 신나 있어.
- We are excited about the party! = 우리 그 파티 때문에 신나 있어.
- She is excited about the opportunity. = 걔는 그 기회 때문에 흥분 해 있어.
- I am pretty excited about the date. = 나 그 데이트 때문에 꽤 흥분 해 있어.
- I am not so excited about it. = 난 그걸로 그렇게 신나 있지는 않아.

here and there
여기저기에

Mayu Says

이것은 어순이 정해진 표현이니 there and here이라고 쓰지 마세요.
이런 식의 표현 중 하나인 back and forth(앞뒤로, 왔다 갔다)도 함께 알
아두세요.

Related Words

#left and right (좌우로) #everywhere (모든 곳에) #anywhere (어디든)

Example Sentences

- There are some scratches here and there. = 여기저기에 스크래
  치가 좀 있어요.
- I see some dents here and there. = 여기저기에 찌그러진 곳들이
  좀 보이네요.
- There were a few errors here and there. = 여기저기에 에러가 좀
  있었어.
- His clothes were scattered here and there. = 그의 옷이 여기저기
  에 흩어져 있었어.
- We found some mistakes here and there. = 여기저기에서 실수를
  좀 찾아냈어.

complain about something
~에 대해 불평하다

Mayu Says

complain(동사)을 complaint(명사)와 헷갈리지 마세요! *흔한 실수.
protest(항의히다)는 complain과는 달리 공적으로 불평하는 것을 말합
니다.

Related Words

#blame (탓하다) #grumble (투덜거리다) #satisfaction (만족)

Example Sentences

- Stop complaining! = 그만 불평해!
- They are complaining about the price. = 그들은 가격에 대해 불평
  하고 있어.
- What are they complaining about? = 그들은 무엇에 대해 불평 중
  이니?
- The customer complained about our service. = 그 손님은 우리
  서비스에 대해 불평했어.
- Harry complained about the decision. = Harry는 그 결정에 대해
  불평했어.

invest in something
~에 투자하다

Mayu Says

어딘가에 투자한다고 할 때는 to가 아니라 in을 써야 합니다. *안에 투자한다 는 느낌.

무엇을 투자하는지 쓰려면 invest 바로 뒤에 추가하세요.

Related Words

#investment (투자) #risk (위험) #profit (이익)

Example Sentences

- I invested in his company. = 나 걔네 회사에 투자했어.
- Would you invest in us? = 저희에게 투자하시겠습니까?
- I want to invest in Mayu's venture. = 난 마유의 벤처에 투자하고 싶어.
- She invested $5,000 in our company. = 그녀는 우리 회사에 5,000달러를 투자했어.
- Don't invest too much money in it. = 그것에 너무 많은 돈을 투자 하지는 마.

take advantage of something
~을 잘 이용하다

Mayu Says

좋은 의도로 이용하는 것을 말한다면 활용한다는 느낌을 줄 수도 있지만, 나쁜 의도로 이용하는 것을 말한다면 이용해 먹는다는 부정석인 느낌을 줄 수도 있습니다.

Related Words

#disadvantage (불리한 점) #clever (영리한) #opportunist (기회주의자)

Example Sentences

- Take advantage of your time. = 너의 시간을 잘 이용해.
- Why not take advantage of this opportunity? = 이 기회를 잘 이용하는 건 어떨까요?
- You can take advantage of this technology. = 이 기술을 잘 이용할 수도 있습니다.
- He is trying take advantage of you. = 그는 널 이용해 먹으려고 하는 거야.
- They took advantage of our knowledge. = 그들은 우리의 지식을 이용해 먹었어.

count on someone

~를 믿다

Mayu Says

뭔가를 해낼 것이라 믿으며 절대적으로 의지한다는 의미입니다. 특히 진행형으로 자주 사용합니다.

Related Words

#hope (희망) #desperate (간절한) #hero (영웅)

Example Sentences

- I am counting on you. = 너만 믿는다.
- We are all counting on you. = 우리 모두 당신만 믿어요.
- I was counting on you…. = 너만 믿었는데….
- I am not sure. Don't count on it. = 확신은 없어. 믿지는 마.
- They are counting on the heroes. = 그들은 그 영웅들만 믿고 있어.

grab a bite to eat
뭘 좀 먹다

Mayu Says

거창한 식사보다는 빠르게 먹을 수 있는 간단한 음식을 먹는다는 의미로
자주 씁니다. to eat을 생략하는 경우도 있지만 크게 추천하지 않습니다.

Related Words

#snack (간식) #meal (식사) #starving (엄청 배고픈)

Example Sentences

- Do you want to grab a bite to eat? = 뭐 좀 먹을래?
- Why don't we go and grab a bite to eat? = 우리 가서 뭘 좀 먹는
  게 어때?
- They stopped to grab a bite to eat. = 그들은 뭘 좀 먹으려고 멈췄어.
- She grabbed a bite to eat at the diner. = 그녀는 그 식당에서 뭘
  좀 먹었어.
- Do we have time to grab a bite to eat? = 우리 뭘 좀 먹을 시간은
  있는 거예요?

Week 46

because of something
~때문에

Mayu Says

because는 뒤에 평서문이 오지만 because of는 뒤에 이렇게 명사가 옵니다.

조금 더 고마움의 느낌을 내려면 thanks to(~덕분에)를 쓰세요.

Related Words

#cause (원인) #reason (이유) #wonder (궁금해하다)

Example Sentences

- He got hurt because of me. = 걔는 나 때문에 다쳤어.
- We are late because of you! = 우리는 너 때문에 늦은 거야!
- They failed because of his mistake. = 그들은 그의 실수 때문에 실패했어.
- Because of you, Jane is crying. = 너 때문에 Jane이 울고 있잖아.
- We couldn't leave because of the rain. = 우린 그 비 때문에 못 떠났어.

get rid of something
~을 없애다

Mayu Says

뭔가를 없앤다는 말은 실제로 제거한다는 뜻도 되고 물건 등을 버린다는 의미도 됩니다. remove(제거하다)가 오히려 더 형식적인 표현입니다.

Related Words

#eliminate (제거하다) #separate (분리하다) #add (추가하다)

Example Sentences

- Get rid of it. = 그거 버려!
- We got rid of the rust. = 저희는 그 녹을 제거했습니다.
- I got rid of my old phone. = 난 내 오래된 전화기를 버렸어.
- Get rid of the traitor. = 그 배반자를 제거하라.
- The doctors carefully got rid of the tumor. = 그 의사들은 조심스레 그 종양을 제거했습니다.

to make matters worse
설상가상으로

Mayu Says

일반적으로 comma와 함께 문장 맨 앞에 추가합니다.
비슷하게는 what's worse 정도가 있습니다.

Related Words

#Murphy's law (머피의 법칙) #terrible (끔찍한) #unfortunately (불
행히도)

Example Sentences

- To make matters worse, I lost my wallet. = 설상가상으로, 내 지
  갑을 잃어버렸어.
- To make matters worse, the bomb exploded. = 설상가상으로, 폭
  탄이 터졌습니다.
- To make matters worse, he got dumped. = 설상가상으로, 걔는
  차였어.
- To make matters worse, I forgot her birthday. = 설상가상으로,
  난 그녀의 생일을 잊었어.
- What's worse, they didn't lock the door. = 설상가상으로, 걔네는
  그 문을 안 잠갔어.

be stuck at work

일에 묶여 있다

Mayu Says

stuck은 오도 가도 못하는 상태를 말합니다.
어떤 사람에게 잡혀 있다고 하고 싶다면 at work 대신 with someone
을 쓰세요.

Related Words

#workplace (일터) #engaged (바쁜) #trapped (갇힌)

Example Sentences

- I am stuck at work. = 나 일에 묶여 있어.
- My wife is totally stuck at work. = 내 아내는 완전히 일에 묶여 있어.
- I will be stuck at work for a while. = 나 한동안 일에 묶여 있을 거야.
- I was stuck at work all day. = 나 하루 종일 일에 묶여 있었어.
- I am stuck with my boss. = 나 우리 상사한테 잡혀 있어.

stay put
가만히 있다

Mayu Says

어디 가지 않고 제자리에 가만히 있는다는 말입니다.
stay still이라고 하면 자세도 바꾸지 않고 멈춰 있는다는 느낌이 강합니다.

Related Words

#freeze (멈추다) #stationary(움직이지 않는) #walk around (걸어 다니다)

Example Sentences

- Stay put. = 어디 가지 말고 가만히 있어.
- Stay put until I come back. = 내가 돌아올 때까지 가만히 있어.
- Mom told us to stay put. = 엄마가 가만히 있으라고 했어.
- Stay put while I grab a taxi. = 택시 잡는 동안 가만히 있어.
- We stayed put instead of moving to Seoul. = 우리 서울로 이사 가지 않고 가만히 있었어.

pitch in
참여하다, 같이 내다

Mayu Says

공통적인 목표를 위해 돈을 함께 부담하거나 노력으로 기여한다는 말입니다.
어떤 목표인지 말하려면 to를 쓰고 동사를 추가합니다.

Related Words

#contribution (기여) #participate (참여하다) #share (나누다)

Example Sentences

- Do you want to pitch in? = 같이 낼래?
- Let me pitch in, too. = 나도 같이 낼게.
- Everyone pitched in to buy her a gift. = 모두 그녀에게 선물을 사주기 위해 같이 냈어.
- I wish I could pitch in⋯. = 나도 같이 낼 수 있으면 좋겠지만⋯.
- We all pitched in to speed up the process. = 그 과정에 속도를 내기 위해 모두가 참여했어.

something rings a bell

~이 귀에 익다, ~이 눈에 익다

Mayu Says

뭔가를 접했을 때 전에 들어보거나 본 적이 있는 것 같이 느껴진다는 의미로 씁니다. 마치 머리에 종이(bell) 울리는(ring) 것 같은 느낌입니다.

Related Words

#familiar (친숙한) #remember (기억하다) #remind (상기시키다)

Example Sentences

- The name doesn't ring any bells. = 이름이 귀에 익지 않아요.
- The title clearly rang a bell. = 그 제목은 확연히 귀에 익었어.
- Does this name ring a bell? = 이 이름이 귀에 익나요?
- It didn't ring a bell at first. = 그게 처음에는 귀에 익지 않았어.
- The photo rang a bell. = 그 사진이 눈에 익었어.

Week 47

cost someone an arm and a leg
~에게 엄청난 돈이 들게 하다

Mayu Says

팔과 다리 같은 중요한 것이 소모될 정도로 막대한 비용이 든다는 의미입니다.

an arm and a leg 대신 a fortune(큰돈)을 쓸 수도 있습니다.

Related Words

#expense (비용) #budget (예산) #amount (금액)

Example Sentences

- It cost me an arm and a leg. = 그건 내게 엄청난 돈이 들게 했어.
- It cost the company an arm and a leg. = 그건 그 회사에 엄청난 돈이 들게 했습니다.
- The construction cost us an arm and a leg. = 그 공사는 우리에게 엄청난 돈이 들게 했어.
- The paint job is going to cost you an arm and a leg. = 그 도색 작업은 너에게 엄청난 돈이 들게 할 거야.
- Their wedding cost them an arm and a leg. = 그들의 결혼식은 그들에게 엄청난 돈이 들게 했어.

one's cup of tea
취향에 맞는 것

Mayu Says

cup of tea는 자신이 선호하는 물건, 스타일, 행동 등 모든 것이 될 수 있습니다. 보통 부정문에서 많이 사용합니다.

Related Words

#taste (취향) #flavor (맛) #style (스타일)

Example Sentences

- That's not my cup of tea. = 그건 내 취향이 아니야.
- Skiing is not exactly my cup of tea. = 스키는 정확히 내 취향은 아니야.
- Brian is not her cup of tea. = Brian은 그녀의 취향은 아니야.
- I thought cycling was his cup of tea. = 자전거 타기가 그의 취향이라고 생각했어.
- Musical shows are just my cup of tea. = 뮤지컬 쇼는 딱 내 취향이야.

be pregnant with someone
~를 임신하다

Mayu Says

여기서 someone은 배 안에 든 아기를 나타내며 boy, girl, baby boy, baby girl, twins 등 아기를 나타내는 단어를 넣습니다.

Related Words

#pregnancy (임신) #blessing (축복) #labor (분만)

Example Sentences

- My wife is pregnant with twins. = 제 아내는 쌍둥이를 임신했어요.
- She is pregnant with a boy. = 걔는 남자아이를 임신했어.
- My daughter is pregnant with a girl. = 제 딸이 여자아이를 임신했어요.
- June is pregnant with her fiancé's baby. = June은 약혼자의 아기를 임신했어.
- I am pregnant with a healthy baby. = 전 건강한 아기를 임신했어요.

4 months pregnant

임신 4개월인

Mayu Says

이 표현 전체를 형용사처럼 사용합니다. 4 months 자리에 임신기간을
바꾸어 넣어가며 응용해서 사용하세요.
임신기간을 물어볼 때는 "How far along are you?"라고 하면 됩니다.

Related Words

#pregnancy (임신) #labor (출산) #infant (신생아)

Example Sentences

- I am 4 months pregnant. = 전 임신 4개월이에요.
- I am 8 months pregnant. = 전 임신 8개월이에요.
- My wife is 6 weeks pregnant. = 제 아내는 임신 6주입니다.
- My daughter is already 7 months pregnant. = 제 딸은 벌써 임신
  7개월이에요.
- How far along are you? = 임신한 지 얼마나 되셨나요?

burst into tears
눈물이 터지다

Mayu Says

burst는 뭔가가 터진다는 뜻의 동사입니다. into 뒤에는 이렇게 결과물 (tears)이 나옵니다.
비슷하게는 break in tears가 있습니다.

Related Words

#sadness (슬픔) #emotions (감정) #heartbroken (비통해하는)

Example Sentences

- She burst into tears. = 그녀는 눈물이 터졌어.
- I suddenly burst into tears. = 난 갑자기 눈물이 터졌어.
- The poor lady burst into tears. = 그 불쌍한 여자는 눈물이 터졌어요.
- You might burst into tears. = 너 눈물이 터질지도 몰라.
- I almost burst into tears. = 나 눈물 터질 뻔했어.

be fluent in something
~이 유창하다

Mayu Says

여기서 something에는 언어를 넣습니다.
fluent 대신 good이나 excellent 등의 다른 형용사를 넣어도 좋습니다.

Related Words

#fluency (유창성) #language (언어) #bilingual (이중 언어를 구사하는)

Example Sentences

- I am fluent in English. = 전 영어가 유창해요.
- My brother is fluent in Korean. = 제 동생은 한국어가 유창합니다.
- We are fluent in Russian. = 저희는 러시아어가 유창해요.
- Is your friend fluent in Japanese? = 네 친구는 일본어가 유창하니?
- I am pretty good in English. = 전 영어를 꽤 잘해요.

give out something
나눠주다

Mayu Says

이 표현은 for free(무료로)라는 말이 붙지 않아도 이미 무료로 나눠준다는 뉘앙스를 띱니다.
Something 자리에 대명사를 넣는다면 give와 out 사이에 넣으세요.

Related Words

#distribute (배포하다) #hand out (나눠주다) #promotion (판촉)

Example Sentences

- They are giving out toothbrushes. = 그들이 칫솔을 나눠주고 있어.
- They are giving those out. = 그들이 그것들을 나눠주고 있어.
- She is giving out leaflets. = 그녀가 전단을 나눠주고 있어.
- Where are they giving those out? = 그들이 그것들을 어디서 나눠주고 있니?
- They gave out free toys. = 그들은 무료 장난감을 나눠줬어.

Week 48

on someone's behalf
~를 대신하여

Mayu Says

on behalf of someone의 모양으로 써도 좋습니다.
somcone 대신 something을 쓸 수도 있습니다. *대표한다는 느낌.

Related Words

#instead (그 대신에) #representative (대표자) #legal (법적인)

Example Sentences

- I signed it on my father's behalf. = 난 우리 아버지를 대신해 그것
  에 서명했어.
- I apologize on their behalf. = 그들을 대신해 사과드립니다.
- I apologize on behalf of our company. = 우리 회사를 대표하여 사
  과드립니다.
- You can sign the document on her behalf. = 그녀를 대신해 그 서
  류에 서명하셔도 됩니다.
- I am willing to do anything on your behalf. = 널 대신해 뭐든 할 의
  향이 있어.

be lost for words

할 말을 잃다

Mayu Says

충격적인 일이나 대단한 일로 의해 할 말을 잃는다는 뜻입니다.
비슷한 표현으로는 be speechless가 있습니다.

Related Words

#mesmerized (매혹된) #shocked (충격을 받은) #surprised (놀란)

Example Sentences

- I am lost for words. = 전 할 말을 잃었어요.
- The audience was lost for words. = 관객들은 할 말을 잃었다.
- We both were lost for words. = 우리 둘 다 할 말을 잃었어.
- The troubled kid's parents were lost for words. = 그 문제아의 부모님은 할 말을 잃었어.
- I am speechless! = 놀라서 말을 못 하겠군요!

knock on something
~을 두드리다

Mayu Says

노크를 한다고 표현할 때 on을 빼고 쓰면 단순히 친다는 의미가 되어버립니다.

추가로, knock down은 뭔가를 때려눕힌다는 의미가 있습니다.

Related Words

#Knock! Knock! (똑! 똑!) #strike (치다) #polite (예의 있는)

Example Sentences

- Knock on the door before you open it. = 열기 전에 노크하세요.
- Why don't you ever knock on the door? = 넌 왜 절대 노크를 안 해?
- The teacher knocked on the desk. = 선생님이 책상을 두드렸어.
- I heard him knock on the table. = 난 그가 식탁을 두드리는 걸 들었어.
- Stop knocking on the door! = 문 좀 그만 두드려!

get the door
문을 열어주다

Mayu Says

여기서 get은 단순히 '잡다(hold)'와 '열다(open)' 같은 동작을 넘어서 '담당하다', '맡다'란 의미입니다.
전화를 맡아서 받겠다고 하려면 get the phone을 쓰면 됩니다.

Related Words

#gentleman (신사) #manners (매너) #offer (제의하다)

Example Sentences

- I will get the door. = 제가 문 열게요.
- Can you get the door? = 문 좀 열어주겠니?
- Let me get the door for you. = 문을 열어드릴게요.
- He got the door for me. = 그가 날 위해 문을 잡아줬어.
- Are you going to get the door? = 네가 문 열 거야?

hold something from food
음식에 ~을 넣지 않다

Mayu Says

something의 자리에 원하지 않는 음식의 재료를 넣습니다. 이때 the와 함께 넣어주는 걸 잊지 마세요!

Related Words

#diet (식사조절) #allergic (알레르기가 있는) #ingredient (재료)

Example Sentences

- Could you hold the carrots from my soup? = 제 수프에 당근 넣지 말아 주실 수 있나요?
- Could you hold the cucumbers from it? = 그것에 오이 넣지 말아 주실 수 있나요?
- Please hold the meat from my pasta. = 제 파스타에 고기 넣지 말아 주세요.
- Please hold the pork from it. = 그것에 돼지고기 넣지 말아 주세요.
- I want you to hold the onions from my sandwich. = 제 샌드위치에 양파 넣지 마세요.

at the same time

동시에

Mayu Says

simultaneously(동시에)와는 달리 시간상으로 동시라는 의미 외에 다른 면을 동시에 가지고 있다는 뜻으로도 쓰입니다.

Related Words

#concurrent (동시의) #coincident (일치하는) #aspect (면)

Example Sentences

- They sat down at the same time. = 걔네는 동시에 앉았어.
- We left the room at the same time. = 우린 동시에 그 방을 나섰어.
- We said it at the same time. = 우린 동시에 그 말을 했어.
- It's sweet and sour at the same time. = 그건 달콤하고 동시에 시큼해.
- This book is fun and helpful at the same time. = 이 책은 재미있고 동시에 도움이 돼.

in the worst-case scenario
최악의 경우에

Mayu Says

scenario는 na에 강세를 주어 "써내뤼오우"로 발음합니다.
비슷하게는 if worst comes to worst가 있습니다.

Related Words

#disaster (참사) #plan (계획) #last resort (최후의 수단)

Example Sentences

- In the worst-case scenario, let's take a taxi. = 최악의 경우엔 택시를 타자.
- In the worst-case scenario, they will fire you. = 최악의 경우, 그들이 널 해고할 거야.
- In the worst-case scenario, run away. = 최악의 경우엔 도망쳐.
- In the worst-case scenario, she might reject it. = 최악의 경우, 그녀는 그걸 거절할지도 몰라.
- If worst comes to worst, you will have to leave. = 최악의 경우, 넌 떠나야 할 거야.

Week 49

for fun
재미로

Mayu Says

진지하게 임하는 게 아니라 가볍게 즐기는 기분으로 임한다는 말입니다.
비슷하게는 for the fun of it이 있습니다.

Related Words

#enjoy (즐기다) #serious (진지한) #interest (관심)

Example Sentences

- I am just doing it for fun. = 그냥 재미로 하는 거야.
- Try it for fun. = 재미로 해봐.
- I am learning English for fun. = 나 영어 재미로 배우고 있어.
- He went to school just for fun. = 걔는 학교를 그냥 재미로 다녔어.
- He made the video for the fun of it. = 걔는 재미로 그 영상을 만들었어.

be happy for someone
~에게 잘됐다

Mayu Says

남에게 잘된 일을 축하해줄 때 유용합니다. 여기서 for는 누구를 '대신해' 라는 느낌을 주어 이 표현이 그 사람을 대신해 행복할 정도라는 뉘앙스를 갖게 해줍니다.

Related Words

#congratulate (축하하다) #wholeheartedly (진심으로) #recognize (인정하다)

Example Sentences

- I am happy for you! = 잘됐다!
- We are so happy for you! = 엄청 잘됐어!
- I am happy for you and your wife. = 너랑 네 아내에게 잘됐어.
- I am happy for your son. = 아드님에게 잘됐어요.
- Should I be happy for them? = 그들에게 잘됐다고 생각해야 하나?

be obsessed with something
~에 집착하고 있다

Mayu Says

뭔가에 이미 집착하고 있는 상태를 강조합니다.
'집착하다'라는 동작을 강조하려면 obsess over something 혹은 obsess about something을 쓰세요.

Related Words

#obsession (집착) #stalk (스토킹하다) #addictive (중독되는)

Example Sentences

- I am obsessed with the singer. = 난 그 가수에 집착하고 있어.
- My sister is obsessed with the actor. = 내 여동생은 그 배우에 집착하고 있어.
- You seem obsessed with it. = 너 그것에 집착하고 있는 것 같아 보여.
- She obsesses over her weight. = 걔는 자기 몸무게에 집착해.
- Stop obsessing about your hair. = 머리에 그만 집착해.

be different from something
~과 다르다

Mayu Says

회화체에서는 from 대신 than을 쓰기도 하지만 여전히 문법적인 오류로
인식되는 경우가 많아 추천하지 않습니다.

Related Words

#similar (비슷한) #identical (동일한) #opposite (반대인)

Example Sentences

- They are different from each other. = 걔네는 서로 달라.
- This is different from your case. = 이건 네 상황과는 달라.
- Option A is way different from Option B. = 옵션 A는 옵션 B와 아주 다릅니다.
- We are different from animals. = 우린 동물과는 달라.
- She is different from ordinary people. = 그녀는 보통 사람들과는 달라.

work from home
재택근무를 하다

Mayu Says

work 다음에 from home을 쓰면 일 자체는 여전히 고용된 회사의 일인데 일하는 위치만 집이라는 느낌이 강합니다. at home을 쓰면 고용된 회사의 일 외의 것(프리랜스 작업, 청소, 빨래 등)을 한다는 느낌이 강합니다.

Related Words

#remotely (원격으로) #efficiency (효율성) #apart (떨어진!)

Example Sentences

- I wish I could work from home. = 나도 재택근무할 수 있으면 좋겠다.
- My husband works from home. = 내 남편은 재택근무를 해.
- I have been working from home for a while. = 나 재택근무해온 지 꽤 됐어.
- My employees work from home. = 저희 직원들은 재택근무를 합니다.
- I like working at home. = 난 집에서 일하는 거 좋아해.

catch up on something
~을 따라잡다

Mayu Says

밀린 일을 처리하거나 진도, 속도, 수준 등을 따라잡는다는 말입니다.
on 대신 with를 쓰면 남의 속도를 따라잡는다는 말이 됩니다.

Related Words

#left behind (뒤처진!) #maintain (유지하다) #surpass (뛰어넘다)

Example Sentences

- I need to catch up on some sleep. = 밀린 잠을 좀 자야겠어.
- I have some work to catch up on. = 나 해야 할 밀린 일이 좀 있어.
- I am catching up on reading. = 난 밀린 독서를 하고 있어.
- She has to catch up on some school work. = 걔는 밀린 학교 과제를 좀 해야 해.
- I couldn't catch up with him. = 난 그를 따라잡지 못했어.

by oneself
스스로

Mayu Says

남의 도움을 받지 않고 혼자 해낸 일을 말할 때 씁니다.
alone처럼 단순히 혼자 있다는 것을 표현해주기노 합니다.

Related Words

#independent (독립적인) #ability (능력) #lonely (외로운)

Example Sentences

- I did everything by myself. = 다 나 스스로 했어.
- Did you make this by yourself? = 너 스스로 이거 만든 거니?
- You can't do it by yourself. = 그거 혼자서는 못 해.
- He can move the box by himself. = 걔는 그 박스를 스스로 옮길 수 있어.
- Are you by yourself? = 혼자이신 거예요?

Week 50

at the latest
아무리 늦어도

Mayu Says

최고로 늦었을 때를 좀 더 자연스럽게 바꾼 표현입니다.
반대로, '최고로 빨랐을 때 = 아무리 빨라노'라고 할 땐 at the earliest를
쓰면 됩니다.

Related Words

#deadline (기한) #due date (마감 날짜) #expiration (만료)

Example Sentences

- Come home by 9 at the latest. = 집에 아무리 늦어도 9시까지 와.
- I will come back by 7 at the latest. = 아무리 늦어도 7시까지 돌아
올게.
- Submit it by Monday at the latest. = 늦어도 월요일까지 그걸 제출
하세요.
- I will be there by 7:30 at the latest. = 아무리 늦어도 거기 7시 반까
지 갈게.
- Pay us back by the 14th at the latest. = 아무리 늦어도 14일까지
갚으세요.

right away
즉시

Mayu Says

비슷하게는 straight away가 있습니다.
조금 더 형식적으로 쓰고 싶다면 immediately라는 부사를 쓰세요.

Related Words

#prompt (즉각적인) #quickly (재빠르게) #delay (지연)

Example Sentences

- Do it right away. = 즉시 하세요.
- I will do that right away. = 즉시 하겠습니다.
- We will take care of it right away. = 즉시 처리하겠습니다.
- She answered right away. = 그녀는 즉시 대답했어.
- He found out right away. = 그는 즉시 알아냈어.

DAY 346

put on weight
살이 찌다

Mayu Says

마치 무게(weight)를 입는 것(put on)처럼 표현한 위트 있는 표현입니다.
weight은 단수로 써야 하며 weight 대신 실제 무게를 써도 좋습니다.

Related Words

#gain (얻다) #chubby (통통한) #overweight (과체중인)

Example Sentences

- I put on some weight. = 나 살 좀 쪘어.
- Jake put on so much weight. = Jake는 살이 엄청 쪘어.
- Christina put on a few pounds. = Christina는 몇 파운드 정도 쪘어.
- I put on 10kg. = 나 10킬로그램 쪘어.
- You should stop putting on weight. = 너 살 그만 쪄야 해.

lose weight

살이 빠지다

Mayu Says

lose 대신 drop 혹은 shed란 동사를 써도 좋습니다.
weight은 단수로 써야 하며 weight 대신 실제 무게를 써도 좋습니다.

Related Words

#slim (날씬한) #skinny (마른) #diet (식사조절)

Example Sentences

- My son has lost weight. = 내 아들 살 빠졌어.
- I have lost 20kg. = 나 20킬로그램 빠졌어.
- I am not losing any weight! = 나 살이 전혀 안 빠져!
- My aunt wants to lose weight. = 우리 이모는 살을 빼고 싶어 해.
- You don't have to lose weight. = 너 살 안 빼도 돼.

weigh 50kg

몸무게가 50kg이다

Mayu Says

weight(몸무게)라는 명사를 써서 "My weight is 50kg."이라고 하는 것 보다 자연스러운 표현입니다.

weigh는 일반동사예요. 50kg 대신 다른 무게를 넣어 응용해보세요.

Related Words

#heavy (무거운) #light (가벼운) #scale (저울)

Example Sentences

- I weigh 45kg. = 나 45kg이야.
- My boyfriend weighs 80kg. = 내 남자친구는 80kg이야.
- I used to weigh over 200 pounds. = 나 200파운드 넘게 나가곤 했어.
- How much do you weigh? = 너 몸무게 몇이야?
- Alison weighs less than 50kg. = Alison은 50kg도 안 나가.

turn on something
~을 켜다

Mayu Says

기계나 스위치를 켠다고 할 때 사용하며, 반대말은 turn off(끄다)입니다.
something 자리에 대명사를 넣으려면 turn과 on 사이에 넣어주세요.

Related Words

#switch on (켜다) #power (동력) #device (장치)

Example Sentences

- Turn on the lights. = 불 켜.
- Turn on the TV. = TV 켜.
- Could you turn it on? = 그것 좀 켜주실 수 있나요?
- I turned on the radio. = 라디오 켰어.
- Turn off the heater. = 난방기를 꺼.

# of all time
역대

Mayu Says

문장 맨 뒤에 추가하며 비슷하게는 in history가 있습니다. 보통 최상급을 나타내는 명사가 바로 앞에 옵니다.

Related Words

#ultimate (최후의) #highest (최상의) #record (기록)

Example Sentences

- Mayu is my favorite teacher of all time. = 마유는 역대 내가 가장 좋아하는 선생님이야.
- This is the best song of all time. = 이건 역대 최고의 노래야.
- She is the smartest person of all time. = 그녀는 역대 가장 똑똑한 사람이야.
- It is the fastest plane of all time. = 그건 역대 가장 빠른 비행기야.
- He is the richest person in history. = 그는 역대 가장 부유한 사람이야.

Week 51

have an appointment
예약이 있다

Mayu Says

make an appointment(예약을 잡다)는 예약을 잡는 '동작'을 강조하지만(DAY 74 참조), have an appointment는 이미 예약이 잡힌 '상태'를 강조하며 흔히 '예약이 있다'라고 해석됩니다.
누구와의 예약인지 말하려면 뒤에 with를 추가하세요.

Related Words

#planner (일정 계획표) #reservation (예약) #doctor's office (병원)

Example Sentences

- I have an appointment. = 저 예약 있는데요.
- We have an appointment with the doctor. = 저희 의사 선생님이랑 예약 있어요.
- Do you have an appointment? = 예약 있으신가요?
- I have an appointment with professor Baek. = 저 백 교수님이랑 예약 있어요.
- I don't have an appointment. = 저 예약 없는데요.

at all times
항시

Mayu Says

이것은 all the time(매번)과는 달리 횟수를 강조하는 표현이 아니라 끊임
없음, 꾸준함을 강조하는 표현입니다.

Related Words

#always (항상) #constantly (끊임없이) #endless (끝없는)

Example Sentences

- Please wear your seat belt at all times. = 항시 좌석벨트를 착용하
고 계세요.
- Wear your mask at all times. = 마스크를 항시 착용하고 계세요.
- Please have your passport ready at all times. = 항시 여권을 준비
하고 계세요.
- Keep your hands clean at all times. = 항시 손을 청결히 유지하
세요.
- No man is wise at all times. = 항상 현명한 사람은 없다.

major in something
~을 전공하다

Mayu Says

여기서 major는 일반동사라는 점에 유의하세요.
어떤 분야를 전문으로 한다고 할 땐 specialize in을 쓰세요.

Related Words

#degree (학위) #college graduate (대학 졸업생) #field (분야)

Example Sentences

- I majored in economics. = 전 경제학을 전공했어요.
- My husband majored in psychology. = 제 남편은 심리학을 전공했어요.
- My son majored in sociology. = 제 아들은 사회학을 전공했어요.
- I thought you majored in English literature. = 난 네가 영문학을 전공한 줄 알았어.
- Ron majored in hotel management. = Ron은 호텔 경영학을 전공했어.

over the weekend

주말 동안에

Mayu Says

over를 정확히 해석하면 '~에 걸쳐'입니다. 주말 내내 했다는 말일 수도 있고, 주말 중 한순간만 했다는 말일 수도 있습니다.

Related Words

#rest (쉬다) #holiday (휴일) #day off (쉬는 날)

Example Sentences

- I stayed at home over the weekend. = 나 주말 동안에 집에 있었어.
- We painted our house over the weekend. = 우리 주말 동안에 집 도색했어.
- I did nothing over the weekend. = 나 주말 동안에 아무것도 안 했어.
- What did you do over the weekend? = 너 주말 동안에 뭐 했어?
- I will call you over the weekend. = 주말 동안에 너한테 전화할게.

do one's best
최선을 다하다

Mayu Says

정말 최선이라고 강조하고 싶다면 best 대신 very best를 쓰세요.
do 대신에 try를 쓰기도 합니다.

Related Words

#effort (노력) #endeavor (노력) #challenge (도전)

Example Sentences

- Just do your best. = 그냥 최선을 다해. = 할 수 있는 만큼만 해.
- I did my best. = 난 최선을 다했어.
- Did you do your best? = 너 최선을 다했니?
- They did their best. = 그들은 최선을 다했습니다.
- We will do our very best. = 저희는 정말 최선을 다할 겁니다.

as for someone

~는 말이야

Mayu Says

문장 맨 앞에 붙이며, someone은 목적어의 모양으로 씁니다.
예) as for her / as for them
누군가의 상황을 자세히 얘기하기 전에 관심을 집중시키는 역할을 합니다.

Related Words

#detail (세부사항) #situation (상황) #describe (묘사하다)

Example Sentences

- As for me, I got a job. = 난 말이야, 취직했어.
- As for my daughter, she recently moved out. = 내 딸은 말이야, 최근에 독립했어.
- As for the exam, there will be 30 questions. = 그 시험은 말이에요, 30문항이 나올 겁니다.
- As for my wife, she got promoted. = 내 아내는 말이야, 승진을 했어.
- As for me and my girlfriend, we recently broke up. = 나하고 내 여자친구는 말이야, 최근에 헤어졌어.

415

catch someone's attention
~의 관심을 사로잡다

Mayu Says

catch의 과거형과 p.p.형은 모두 caught입니다.
catch 대신 grab 혹은 get을 써도 됩니다.

Related Words

#notice (알아채다) #watch (자세히 보다) #unique (독특한)

Example Sentences

- His voice caught my attention. = 그의 목소리가 내 관심을 사로잡 았어.
- The article caught her attention. = 그 기사가 그녀의 관심을 사로 잡았어.
- This might catch their attention. = 이게 그들의 관심을 사로잡을지 도 몰라.
- What caught your attention? = 뭐가 너의 관심을 사로잡았니?
- I hope this photo catches his attention. = 이 사진이 그의 관심을 사로잡으면 좋겠네.

Week 52

go wrong
잘못되다

Mayu Says

이렇게 형용사가 be동사가 아닌 go 뒤에 붙으면 그런 상태로 진행된다는 의미가 됩니다.
형용사를 다양하게 바꾸어 응용해보세요.

Related Words

#progress (진행) #outcome (결과) #critical (치명적인!)

Example Sentences

- Everything went wrong. = 모든 게 잘못됐어.
- What if it goes wrong? = 그게 잘못되면요?
- His plans never go wrong. = 그의 계획들은 절대 잘못되지 않아요.
- If everything goes right, I will text you. = 다 잘되면 문자 보낼게.
- Things went smoothly. = 이것저것이 매끄럽게 진행됐어.

on average
평균적으로

Mayu Says

averagely(평균적으로)라는 부사와 의미는 같습니다.
an average of something(평균 얼마)이라는 표현도 함께 알아두세요.
예) an average of 5 points

Related Words

#median (중간값의) #normally (보통) #approximately (대략)

Example Sentences

- Robert makes $50,000 a year on average. = Robert는 연평균 5만 달러를 벌어.
- Our prices rose by 5% on average. = 저희 가격은 평균 5퍼센트 올랐습니다.
- Men consume 3,500 calories a day on average. = 남자들은 하루 평균 3,500칼로리를 섭취해.
- On average, how many hours a day do you study English? = 평균적으로, 하루에 영어 몇 시간 공부하세요?
- He repairs an average of 3 cars daily. = 그는 매일 평균 자동차 세 대를 수리해.

out of one's league
~가 넘볼 수준이 아닌

Mayu Says

league 자체가 수준이라는 뜻이며, 어떤 물건이나 사람이 내가 감당할 수 있는 수준을 넘는다는 말입니다.

Related Words

#handle (감당하다) #superior (우월한) #class (계층)

Example Sentences

- Jenna is out of your league. = Jenna는 네가 넘볼 수준이 아니야.
- Wake up! Brian is totally out of your league. = 정신 차려! Brian은 절대 네가 넘볼 수준이 아니야.
- Do you think she is out of my league? = 걔는 내가 넘볼 수준이 아닌 것 같니?
- The house was out of his league anyway. = 그 집은 어차피 그가 넘볼 수준이 아니었어.
- I knew the model was out of my league. = 난 그 모델이 내가 넘볼 수준이 아니라는 걸 알았지.

lose contact with someone
~와 연락이 끊기다

Mayu Says

반대로, 연락이 닿는다고 할 땐 get in touch with를 쓰세요.
연락을 유지한다고 할 땐 keep in touch with를 쓰면 됩니다.

Related Words

#communication (소통) #delete (삭제하다) #maintain (유지하다)

Example Sentences

- I have lost contact with Jim. = 난 Jim과 연락이 끊긴 상태야.
- Did you lose contact with your buddies? = 네 친구들이랑 연락이 끊겼니?
- Don't lose contact with them. = 그들과 연락이 끊기지 않게 해.
- I lost contact with Mayu after he moved. = 마유가 이사 간 후에 개랑 연락이 끊겼어.
- I don't want to lose contact with you. = 너랑 연락이 끊기기 싫어.

get down on one's knees
무릎을 꿇다

Mayu Says

이렇게 knee(무릎)를 복수로 쓰면 양쪽 무릎을 꿇고 빌거나 굴복하는 느낌입니다.
청혼할 때처럼 다리 한쪽만 꿇는다면 get down on one knee라는 표현을 쓰세요.

Related Words

#surrender (항복) #submission (굴복) #despair (절망)

Example Sentences

- He got down on his knees. = 그는 무릎을 꿇었어.
- The captives got down on their knees. = 그 포로들은 무릎을 꿇었다.
- She got down on her knees and cried. = 그녀는 무릎을 꿇고 울었어.
- Get down on your knees! = 무릎을 꿇어라!
- I got down on one knee to propose to her. = 난 그녀에게 청혼하려고 무릎을 꿇었어.

when it comes to something
~에 관해서라면

Mayu Says

이 표현에는 '다른 건 몰라도'라는 뉘앙스가 스며 있습니다.
something 대신 doing something을 써도 좋습니다.

Related Words

#specialty (전문) #expertise (전문지식) #comparison (비교)

Example Sentences

- When it comes to soccer, Thomas is the best. = 축구에 관해서라면, Thomas가 최고야.
- When it comes to speed, this car is superior. = 속도에 관해서라면, 이 차가 우월해.
- When it comes to art, ask Reina. = 예술에 관해서라면, Reina에게 물어봐.
- When it comes to math, Wendy is better than me. = 수학에 관해서라면, Wendy가 나보다 나아.
- When it comes to teaching English, Mayu is the best. = 영어를 가르치는 것에 관해서라면, 마유가 최고야.

in a matter of months
불과 몇 달 만에

Mayu Says

in a matter of 자체가 얼마 안 되는 시간임을 강조해줍니다.
months 대신 hours, days, weeks 등을 넣어 응용해보세요.

Related Words

#quick (재빠른) #in an instant (순식간에) #record (기록)

Example Sentences

- She lost 20kg in a matter of months. = 그녀는 불과 몇 달 만에 20킬로그램을 뺐어.
- He completed the program in a matter of months. = 그는 불과 몇 달 만에 그 프로그램을 완료했어.
- They finished everything in a matter of hours. = 그들은 불과 몇 시간 만에 다 끝냈어.
- The price doubled in a matter of seconds. = 그 가격은 불과 몇 초 만에 두 배가 됐어.
- 1,000 shots were fired in a matter of minutes. = 불과 몇 분 만에 1,000발이 발사됐어.

safe and sound
무사히

Mayu Says

sound 자체에 '손상이 없는'이란 뜻이 있습니다. 이 표현은 문법적으로 연어(連語)이므로 떼어낼 수 없습니다.

Related Words

#safely (안전하게) #intact (온전한) #hurt (다친)

Example Sentences

- He will be back safe and sound. = 걔는 무사히 돌아올 거야.
- The soldiers came back safe and sound. = 그 군인들은 무사히 돌아왔습니다.
- The plane landed safe and sound. = 그 비행기는 무사히 착륙했어.
- The dog was rescued safe and sound. = 그 개는 무사히 구출됐어.
- Our child came back home safe and sound. = 우리 아이가 집에 무사히 돌아왔어.

index

H

1일 1표현

초판 1쇄 발행 2022년 6월 17일
초판 2쇄 발행 2024년 1월 26일

지은이 마스터유진
펴낸이 안병현 김상훈
본부장 이승은 **총괄** 박동옥 **편집장** 임세미
편집 한지은
마케팅 신대섭 배태욱 김수연 **제작** 조화연

펴낸곳 주식회사 교보문고
등록 제406-2008-000090호(2008년 12월 5일)
주소 경기도 파주시 문발로 249
전화 대표전화 1544-1900 **주문** 02)3156-3665 **팩스** 0502)987-5725

ISBN 979-11-5909-631-0 (03740)
책값은 표지에 있습니다.